KB111300

형사
김복준

미치도록 잡고 싶은 어느 형사의 수첩

김복준 지음

이상

프롤로그

벌써 32년이 흘렀습니다. 지난한 세월, 경찰이라는 이름을 달고서 젊은 시절부터 강력사건 현장에서 보냈습니다. 누구나 자신이 앞으로 무엇이 되고 어떻게 살 것인지를 고민합니다. 제 삶의 방향 역시 끊임없이 부침을 거듭하다 운명처럼 형사의 삶에서 멈추었습니다. 제 눈에는 경찰이 다른 어떤 직업보다도 문무를 겸비한 일이라고 여겨졌고, 특히 형사가 되어 소명을 다하면 보다 나은 세상을 만들 수 있을 것이라고 생각했습니다. 하지만 그렇게 뒤도 돌아보지 않고 선택한 형사의 삶은 결코 순탄하지 못했습니다. 현실의 벽 앞에서 소신을 실천하는 것이 불가능하다는 사실을 깨닫는 데 그리 오래 걸리지 않았으니까요.

법을 위반한 사람은 반드시 그에 상응하는 처벌을 받아야 한다는 것이 제가 가진 형사로서의 철학입니다. 또 범인은 끝까지 추적하고 검거하여 법의 심판대에 올려야 한다는 확고한 신념이 있었습니다. 형사로서 살아온 지난 세월을 돌이켜보면, 한마디로 저는 피도 눈물도 없는 '냉혈한' 같은 사람이었습니다. 그만큼 어떠한 경우에도 타협하지 않는 형사였다고 자부합니다.

그 덕분에 동료나 범인들은 저를 '악질 형사', '에이즈 형사', '쌍심줄'이라는 괴팍한 별명으로 부르기도 했습니다. 범인의 입장에서는 당연히 찰거머리 같은 '악질 형사'였을 테고, 한번 걸리면 끝장을 본다는 의미에서 '에이즈 형사'로도 여겨졌을 겁니다. 또 동료, 선배, 상사들의 청탁을 절대 받지 않아 왕따가 되어서도 굳세게 버틴다는 의미에서 힘줄이 두 개라고 '쌍심줄'이라고도 불렸습니다. 그래도 어느 별명 하나 불편하거나 불쾌하게 생각해본 적은 없습니다. 차라리 그렇게 불리는 것을 즐겼습니다. 오히려 그런 소문이 제게 가해지는 유혹, 타협, 청탁으로부터 확실한 자유를 주었으니까요.

하지만 제가 눈물이 없다는 말에는 동의하고 싶지 않습니다. 단지 남들 앞에서 울지 않았을 뿐입니다. 약해지면 절대 안 된다고 다짐을 하고 또 다짐했을 뿐입니다. 형사에게 자비 따위는 사치라고 여기기로 했기 때문입니다. 그러면서도 범인을 검거, 조사하고 구속하여 교도소로 송치하는 날에는 늘 가슴이 아프고 슬펐습니다. 그런 날, 쓴 소주 한 잔을 마시고 집으로 돌아가는 발걸음이 결코 가벼운 적이 없었으니까요. 그럴 때마다 제가 선택한 형사라는 길에서 숙명처럼 마주해야 하는 일상이라고 애써 자위했습니다.

결국 어떤 사건 현장이건 사람이 사는 곳이었습니다. 누군가의 죄를 밝히고 잡아들여야 하는 형사들이나 저마다의 기구한 사연으로 범행을 저지른 범인들이나 가릴 것 없이 결국 남는 것은 사람에 대한 기억이었습니다. 그래서인지 사건 현장에서 느꼈던 특별한 기억들을 끄집어내어 메모 형태로 적어보는 마음이 그리 가볍지 않았습니다. 더욱이 일천한 지식에 미숙한 글재주로 감히 책이라고 부르기에도 민망한 잡서를 부끄럽게 내놓습니다. 그저 “이런 삶들도 세상에는 존재하고 있구나." 하시면서 넓은 마음으로 읽어주셨으면 좋겠습니다.

가을이 깊어갑니다. 늙은 형사의 추억도 가을 단풍을 닮아 오색으로 물들어갑니다. 쥐고 있는 것들을 모두 던지고 풀어버리니 이리 편안한 것임을 이제야 알겠습니다. 중간에 책을 덮고 뒤돌아보지 아니하여도 감사한 마음 변치 않겠습니다.

여하간 그때 그즈음에 형사 하나가 현장에 있었습니다.

차례

2부
인간 김복준

1부

형사 김복준

진짜와 가짜

원래 '형사밥'을 먹은 사람들은 무의식중에도 '의리'라는 말만 나오면 눈이 번쩍한다. 형사를 한 사람들의 심성이 유달리 '의리'로 똘똘 뭉친 사람들로만 구성되어 있어 그런 걸까?

모든 사람이 그렇지는 않다. 형사라는 직업의 속성이 그들에게 '의리'를 가르쳤다고 생각한다. 사실 형사라는 직업은 '의리' 없이는 일이 되지 않고 더구나 대부분 자신의 안위와 직결되는 일들이기 때문이다. 군인은 소리 없는 적과의 싸움을 하며 대기하고 있지만 형사는 일상이 전쟁이나 마찬가지다. 물론 상대하는 적이 다르고, 국민은 어떠한 경우에도 적이 될 수 없다.

또 전쟁터에 나가서 전쟁을 직접 수행하는 구성원은 현장의 동료에 대한 의존도가 높을 수밖에 없다. 그것이 '의리'라는 이름으로 발현되는 것이다. 서로가 서로를 도우며 지켜주지 않으면 목숨마저 보장할 수 없는 것이 형사들이기 때문이다. 회칼 앞에서 떨지 않는 척, 수십 명의 조폭 앞에 형사 단 두 명이 서도 당당하고 담대할 수 있는 것은 서로에 대한 믿음, 바로 '의리' 때문이다.

그러고 보면 '의리'란 형사에게 참으로 다양한 의미이고 생명과도 같다. 그런데 요즘은 가짜 형사들이 진짜 형사들을 슬프게 한다. 사회 여기저기서 오락프로그램이나 뉴스현장 같은 방송을 통해서도 우리는 가짜를 너무 많이 보게 된다. 정말 진정한 '의리'가 화를 내게 되는 요즘이다.

세상에서 가장 비싼 양주

미군부대에서 파견 근무할 때의 일이다. 퇴근 후 집에서 쉬고 있는데 범죄수사대CID에서 연락이 왔다. 절도 사건이 발생하였으니 부대로 와 달라는 것이었다. 본래 다액 절도 사건이 아니면 일과가 끝나고 부르는 일이 없는데 부대 내에서 얼마나 큰 절도 사건이 발생했기에 나를 급히 찾는지 궁금해서 속히 부대로 들어갔다.

범죄수사대에는 미군부대 식당에서 일하는 한국인 종업원이 사색이 된 얼굴로 앉아 있었고, 미군 수사관들의 표정도 여간 심각한 게 아니었다. 통역관이 들어와서 사건에 대해 자초지종을 설명했다.

"김 형사님, 아주 심각한 절도 사건입니다. 이 한국인 종업원은 장교 식당에서 근무하는 사람입니다. 이 사람이 값을 따질 수 없는 술을 훔쳐서 마셨습니다. 그 술의 주인은 ○○님(부대에서 아주 높은 사람)입니다. ○○님이 식당에 보관하면서 아주 소량으로 아껴서 마시는 술을 이 사람이 몰래 꺼내어 마신 것입니다. 다시 말하지만 값을 따질 수 없는 귀한 술을 몰래 마신 것입니다."

황당했다. 겨우 술을 조금 훔쳐서 마신 것을 가지고 엄청난 절도 사건이 발생한 것처럼 난리를 치고 있으니 말이다. 부대에서 높은 사람이 피해자라고 해도 절도 사건의 피해자 그 이상도 이하도 아닌데 너무 요란을 피운다고 생각되어 썩 기분이 좋지 않았다. 그래서 조금은 떨떠름하게 말했다.

"이 사건 때문에 오라고 한 것입니까? 범인도 확보가 되었고 급할 것이 없는데 이리 요란하니 당황스럽네요."

"아이고, 김 형사님. 무슨 말씀을, 그 술은 값을 산정할 수 없는 아주 귀한 술이라니까요."

"도대체 왜 술값을 산정할 수가 없다는 겁니까?"

"그 술은 ○○님의 조상이 영국에서 미국으로 건너올 때 가져와 지금의 ○○님에게 전해진 세상에 하나뿐인 술입니다."

그랬다. 그 술은 ○○의 조상이 영국에서 미국으로 건너올 때 가져온 것으로 당연히 세상에 단 한 병뿐인 귀한 술이었다. ○○은 그 술을 장교식당에 보관하면서 아주 아껴서 조금씩 마시고 있었던 것이다. 그리고 그 술을 식당에서 관리하던 한국인 종업원이 마신 것이다. 종업원을 상대로 신문을 했다.

"술을 마신 것은 맞나요?"

"예, 제가 잘못했습니다. 워낙 귀한 술이라고 해서 그 맛이 궁금해서 조그만 양주잔으로 딱 한 잔, 진짜 딱 한 잔을 마셨습니다."

종업원은 거의 사색이 되어 덜덜 떨고 있었다. 같은 민족이라서 그랬을까? 그 종업원이 안쓰럽고 불쌍해서 가슴이 아파왔다.

"그러니까 분명히 몰래 마신 것은 사실이군요. 그런 짓을 하면 안 되지요. 그렇지만 너무 걱정하지는 마십시오."

"형사님, 저 교도소 가는 건 아니지요?"

"그 정도로 큰 죄는 아닙니다. 너무 걱정하지는 마십시오."

범행을 인정하는 조서를 받았다. 정식으로 입건하였으니 범죄 사실을 쓰려면 그 술의 시가를 기재해야 하고, 비록 자백은 했지만 없어진 술의 양을 정확히 판단해야 했다. 피해자인 ○○은 그 술의 시가는 산정이 불가능하며, 없어진 양은 종업원이 자백한 대로 양주잔 한 잔이 맞다고 했다.

그런데 어떻게 술이 없어진 사실을 알게 된 것인지, 없어진 술을 정확하게 제시할 수 있었는지가 궁금했다. 제법 큰 병에 아직도 술이 가득 차 있었기 때문이다. 사실인즉, ○○은 자신의 술을 마시고 난 후 보관 직전에 자신만 아는 표식을 해두었던 것이다. 병을 세운 상태에서 금을 긋고, 다시 병을 옆으로 눕힌 다음에 금을 그어 가로 세로가 마주치는 지점에 점을 찍는 방법이었다. 기상천외한 방법으로 정확하게 표식을 해두었는데 종업원이 그 사실을 모른 채 한 잔 정도는 마셔도 모를 것이라 오판하고 마셔버린 것이다. 시가를 산정할 수 없어 '시가 미상의 양주 한 잔을 절취한 것'으로 범죄사실을 기재하고 종업원은 보냈다. 구속할 만한 범죄로 볼 수 없다고 판단했기 때문이다.

불구속 수사 사실을 미군에 통보하자 난리가 났다. 절도범을, 세상에 한 병밖에 없어 값조차 산정하지 못하는 ○○의 술을 훔친 사람을 어떻게 내보낼 수 있느냐는 것이 이유였다. 바로 답해주었다.

'재물이라는 것은 일반적으로 시가가 있는데 알 수가 없고, 재물에 대한 재산적 가치 평가는 일반인들이 합리적으로 판단하는 정도에서 이루어진다. 본인에게는 엄청 의미가 있고 귀하다고 하여 모든 사람들이 동일하게 가치를 인정하는 것은 아니다. 게다가 범인은 범행을 자백했고 도주할 우려가 없으므로 불구속 수사하는 것이 옳다.'

결국 그 건은 불구속 수사로 마무리되고 종업원은 직장을 잃는 것으로 종결되었다. 피해자인 미군 ○○도 추후에 노여움을 거두고 형사처벌을 원치 않는다고 해서 불입건으로 변경이 되었다. 즉, 종업원은 형사처벌을 받지 않고 미군부대에서 해고되는 것으로 마무리된 것이다. 마지막에는 지휘관의 관용을 보여주어 좋았다.

그런데 그 술의 맛은 과연 어땠을까?

아내의 도시락

면허시험장으로 발령이 났을 때의 일이다. 상습절도범을 검거하고 여죄를 조사하는 과정에서 같이 근무하는 직원이 지나친 의욕을 부려 사달이 났다. 당시 나는 형사반장의 직책을 맡고 있어 어떤 형태로든 책임을 져야 했고 인사이동으로 마무리가 되었다. 갑자기 근무복을 입고 기능시험을 감독하는 직책으로 옮기니 답답하기 이를 데 없었다. 형사를 하면서 거침없이 전국 8도를 넘나들다가 정시 출퇴근의 업무를 하니 당연히 답답할 수밖에 없었던 것이다.

당시는 면허시험장의 크고 작은 비리들로 국민들의 지탄을 받던 시절이다. 나는 기능실장이라는 자리를 맡아 시험검정원들을 감시하는 역할을 했는데, 나 역시 감시대상이었다. 이른바 노른자위 직책을 맡

왔다고 주변에서는 빽을 써서 간 것 아니냐고 했지만 나로선 그 직무가 영 마음에 들지 않았다. 도무지 경찰 같지 않았기 때문이다. 그래도 머리도 식히고 공부도 할 겸 잘되었다고 생각하기로 했다.

문제는 식사였다. 가끔 밖에서 사먹기도 했지만 주로 구내식당을 이용했다. 오랜 세월 형사로 일하면서 여기저기 식당을 이용하던 습관이 들어서 그런지 적응하는 데 꽤 힘이 들었다. 밖에서 식사를 하다 보니 밥값도 만만치 않았다. 하지만 정작 문제는 주변의 시선이었다. 누군가를 만나서 밥이라도 함께 먹었다고 하면 금세 아무개에게 밥을 얻어먹고 청탁을 받아 운전면허시험 합격을 시킨다는 소문이 돌기도 했기 때문이다. 울컥 화가 났다. 그래서 그 다음날부터 아내에게 부탁을 해 도시락을 싸들고 다녔다. 그때는 매일같이 정성껏 도시락을 싸준 아내의 고마움을 몰랐다. 그게 쉽지 않은 일이란 사실을 생각하지도 못했다. 여하간 성인이 되고 나서 실로 오랜만에 도시락을 지참하고 다녔다. 그러자 또 "남들이 하지 않는 짓을 하면서 꼭 튀려고 한다", "조직 내에서 가장 특이한 사람이다"라는 소문이 돌았다. 지난 세월을 돌이켜보니 내가 봐도 참 어지간했다.

동료, 선배, 상사와의 관계가 그다지 끈끈하지 못했고, 다분히 독단적으로 업무를 처리했다. 이른바 우리끼리 내려오는 관행을 전혀 따르지 않았던 것이다. 하지만 직무만큼은 원칙대로 했다. 형사가 원칙대로 일한다는 건 어떠한 경우에도 예외가 없다는 뜻이다. 상사건 누구건 부탁하는 것도 일절 용납하지 않았다. 당시는 청탁이 난무하던 시절이라, 참 미움도 많이 받았다. 근무실적은 늘 1위여도 칭찬보다는 비난이 더 많았고 음해도 많이 받았고 수시로 발령도 났고 진급심사에서는 늘 탈락을 반복했다. 그렇게 면허시험장 근무가 종료되고 형사로 복귀해 오늘에 이르면서 지금 같으면 당연한 원칙 때문에 고통을 받은 일들이 새록새록 생각난다. 그래도 어머니 외에 아내의 도시락을 경험한 행운아다.

빵이나 먹지요!

현직 말단 형사시절, 관내 산부인과에서 갓 태어난 아이가 사라진 사건 때문에 난리가 났다. 지금처럼 CCTV가 있던 시절도 아니어서 목격자를 찾고 동네를 전전하면서 어린 아이가 나타났다는 집을 찾는 식으로 원시적인 수사를 하던 때였다. 결국 아이를 낳지 못하던 어떤 여성이 산부인과에 진료를 받으러 왔다가 순간적인 욕심에 이성을 잃고는 아이를 훔쳐 달아난 것으로 밝혀졌다. 그 여성의 아픔도 한편 이해는 되었지만 절대 용서할 수 없는 죄를 범했기 때문에 수사는 구속으로 마무리가 되었다.

수사가 진행되는 동안 여론이 상당히 집중되어 사건을 해결하기까지 많은 고생을 했다. 형사들은 꼭두새벽부터 자정까지 지역을 나누어 의정부의 거의 모든 가구를 매일같이 탐문하는 호구조사 식의 발품 수사를 벌였다. 당시만 해도 희귀한 사건이고 여론의 이목이 집중되던 사건이니만큼 〈경찰청 사람들〉이란 프로그램에서 협조가 들어오기도 했다. 나와 고참 형사 세 명은 아이를 훔쳐간 사람 집에 가서 범인을 검거하는 역할을 맡았다. 모두 엄청 긴장했다.

큐!

안 형사, 이 형사 : (동네 구멍가게 들러서 탐문을 한다.) 아주머니, 혹시 최근에 아이가 갑자기 생긴 집이 있나요?

가게주인 : 모르겠는데요.

이 형사 : (실망한 표정으로 가게를 나오며 안 형사를 보고) 형님, 배고픈데 빵이나 먹죠.

안 형사 : 야, 지금 빵이 문제냐?

이 한 컷을 무려 한 시간이나 걸려서 찍었다. '큐!'란 사인과 카메라만 나타나면 그 짧은 대사가 하나도 생각이 안 났다. 최종적으로 형사계장은 사건의 전말을 국어책 읽는 것처럼 설명하고 정리했다. 그것도 한 시간은 족히 걸렸다.

그랬던 내가 요즘 방송을 한다. 경륜은 아닐 거고 연기 학원이나 스피치 학원을 다닌 것도 아니다. 무엇일까, 이 뻔뻔함은? 사실 전달의 사명감, 경찰조직에 대한 애착, 학문적인 성취감? 곰곰이 생각해보니 이런 것들이 전부 녹아 있다.

그중에서도 가장 큰 원동력은 "경찰, 우리도 인간입니다. 사랑하는 아내와 자식도 있는 사람이고 힘들고 아픈 것도 똑같이 느낍니다"라는 메시지를 전달하고 싶은 마음일 것이다. 일반적인 편견을 깨고 싶었다. 거기에 실무나 법리에서도 한 판 붙어보자는 한 줌의 오기도 있었던 듯하고.

사람은 빵 앞에서 한없이 약한 존재지만 이제는 절대빈곤의 시대를 살지 않으므로 지금의 내게 바람이 있다면 '지적 허영'이라는 소리를 들을 만치 탄탄한 이론을 뽐내며 방송을 하다가 홀연히 떠나고 싶다.

경찰 입문

꼭 이맘때만 되면 어린 시절 혜화동이 생각난다. 성균관대 앞을 중심으로 '로즈타운'이라는 다방이 있었고, 주변에 '선보래', '램프'라는 약주집도 있었다. 창경궁 돌담을 끼고 '모래틈'도 있었다. 그해 눈이 엄청나게 쏟아지던 크리스마스 즈음! 무슨 울분이 그리 많아 엄청나게 술을 마시고 고래고래 소리를 지르며 동네를 쏘다니다가 지역에서 주먹깨나 쓰는 건달들과 한 시간 이상을 싸우고 파출소에서 합의하고 돌아 나와 친구가 된 적도 있다. 그 역시 아들 하나, 딸 하나 잘 길렀고 늙수그레한 나이가 되었다.

지나고 보니 그때의 객기는 불안한 미래에 대한 분노였다. 노력을 하기보다는 남의 탓에 매진하고 충고를 무시로 받아들였으며 관심을 참견으로 오해했다. 분명 아름다운 청년의 모습은 아니었다.

군대를 다녀와서 돈암동 정도에서 꼭 이맘때쯤, 무엇인가 성취감을 느낄 수 있는 일을 찾고자 다짐했을 당시에도 눈이 많이 내리고 있었다. 걸어서 미아리고개를 넘어 수유리 집에 도착했을 때는 술이 깨고 어슴푸레 동이 터오고 있었다. 다음날 가방을 싼 것이 어찌어찌한 과정을 거쳐 경찰이 되었고 지금의 내가 있다. 표현하기는 턱없이 부족한 그때의 기억들이 이맘때는 꼭 한번은 스쳐지나가곤 한다. 올 크리스마스 때는 흰 눈이 펑펑 와주었으면 좋겠다.

형사의 기원

오늘날 형사라는 직업의 태동은 프랑스에서 시작되었다. 국가사법 체계가 구성되며 치안을 담당하는 경찰이 생겨나고 일반 국민들이 구분할 수 있게 제복을 입힌 것은 어느 나라나 동일하다. 그런데 프랑스에서는 은밀한 형사활동을 통한 범인검거를 위해 사복근무자가 필요하자 사복 입는 경찰, 이른바 형사를 만들었다. 결국 그 최초의 사복경찰의 직업은 도둑이었다.

그 당시에는 절도가 가장 심각하고 창궐한 범죄다 보니 절도범 검거에 심혈을 기울이지 않을 수 없었다. 그래서 개과천선한 전직 도둑을 활용하게 된 것이다. 도둑은 도둑이 가장 잘 알기 때문이다. 그래서 아이러니하게도 도둑은 형사의 아버지다.

요즘 형사들은 근성과 끈기가 좀 부족한 것 같다. 한번 물으면 끝장을 보는 것이 형사이거늘 현장에 나가서 CCTV가 없으면 반쯤 포기하고, 최종적으로 통화내역 등 기지국 수사가 헛방 나면 바로 포기하려고 한다. 언제 형사가 그런 장비를 가지고 수사를 했던가. 오로지 발로 뛰고 탐문하고 평소에 구축 관리해둔 정보원을 활용해서 온갖 범인 다 잡았거늘.

물론 세대가 바뀌고 가치관이 변했지만 그 성의의 정도가 지나치게 완화되었다. 형사다운 형사가 보고 싶다. 각종 별명으로 통하던 형사들의 모습을 이젠 보지 못할 것 같다. 그러고 보니 내 별명도 꽤나 많았다. '쌍심줄', '에이즈' 등등. 누가 뭐래도 '빽' 할아버지가 들어와도 끝까지 사건을 파고들어 일단 잡아넣고 윗사람과 부딪치는 성격 때문에 지독히 말 안 듣는 질긴 심줄(힘줄), 그것도 2배인 '쌍심줄'이라는 별명으로 불렸다. 또 사건이 발생해서 일단 내게 걸리면 죽는다 해서 동료들이 붙여준 '에이즈'!

육십이 되어 이제는 별명이 낯설고 그렇게 불리고 싶지 않아야 하지만 여전히 나는 그 별명이 정겹다. 아직도 형사물이 덜 빠진 걸까?

아빠를 처벌해주세요

현직 시절, 아침 일찍부터 경찰서로 달려와서 "아버지를 처벌해달라"고 신고한 여중생이 있었다. "왜 아버지를 처벌해달라고 하느냐?"고 물었더니 자신을 때렸기 때문이라고 했다. "그러면 아버지가 너를 왜 때렸느냐?"고 물으니 "아는 오빠 집에 가서 외박을 했다고 때렸다"고 하더니 한술 더 떠 "아버지가 그 오빠도 때렸으니 처벌이 더 크지 않냐"고 확인까지 했다.

기가 막혔다. 이 아이를 어찌 할까? 어떻게 설득이 가능할까? 진상을 파악하는 것이 옳은 듯해 그 집으로 직원들을 보내서 아버지를 모셔왔다. 초라하기 이를 데 없어 한눈에 봐도 힘겹게 살아가는 50대 초반의 실직자였다. "때린 것은 맞고 후회하고 있다"고 했으며 "벌을 받으라면 받겠다"고 했다. 다만, 자식을 때린 이유는 "숙제를 하지 않아서였다"고 했다. 단지 그 이유로만 때린 것이라고 했다.

더 이상 묻지 않았다. 알고 있었기 때문에 더 이상 묻지 않았고 서글퍼서 묻지 않았다. 지금도 모르겠다. 훈육과 학대의 차이를.

어떠한 경우든 폭력은 안 된다고 외치지만 어떤 차이로 비난의 기준을 삼을지 답답하기만 하다. "아빠가 잘못했다"는 말을 듣고 용서를 하고 돌아가는 아이를 보면서 문득 내 딸이 보고 싶어졌다. 전화를 했다.

"어이, 딸! 어디냐?"

"어디긴 학교지. 왜, 아빠?"

"그냥"

"싱겁기는, 우리 아빠."

"아, 그치. 근데 딸 어디야?"

"어, 학교라고 했잖아."

"아, 그렇지, 그렇구나."

싱겁게 전화를 끊고 혼자서 중얼거렸다. "네가 내 딸이라서 진짜, 진짜 고맙다"하고…. 새삼스레 내 옆에 있는 내 딸이 대견한 날이다.

불발탄과 국수

잠시 파출소장을 하던 때의 일이다. 직원들이 순찰과 사건 신고로 출동하고 혼자서 파출소를 지키고 있었다. 노숙자로 보이는 사람이 시멘트 포대에 무언가 무거운 것을 낑낑거리며 들고 들어왔다. 무슨 일인가 하고 일어서서 그를 맞이했다. 외관으로 봐서 노숙자가 확실한 그 남자가 내 발 밑에 시멘트 포대를 내려놓았다. 상당히 무거운 쇠붙이가 분명했다.

"아, 무슨 일이시죠?"

"이거 신고하러 왔어요. 나 몰라요?"

"아, 그래요. 이게 뭐지요?"

"열어봐요. 무거워서 아주 힘들게 가져온 거니까."

시멘트 포대를 확인한 나는 숨이 막혀 죽는 줄 알았다. 그것은 약 60센티미터 정도 길이의 녹슨 폭탄이었다. 불발탄이 분명했다. 순간 그 남자의 손을 잡고 파출소 밖으로 튀어 나왔다. 그 남자는 '이게 뭐 하는 짓이냐?'하는 눈빛으로 나를 쳐다보았다.

자초지종을 물으니 다리 밑에서 고물을 찾다가 개천 진흙탕 속에 묻혀 있는 것을 발견했는데, 이런 것들이 발견되면 가까운 파출소에 신고하라는 말을 들은 적이 있어 어렵게 가져온 것이라고 했다. 그러고는 얼마 전 다리 밑에 5일장이 섰을 때 자신에게 국수를 사먹으라고 만 원짜리 한 장을 주지 않았느냐고 했다. 그때 너무 고마워서 폭탄을 발견하고 바로 온 건데 마침 내가 있어 다행이라고 했다.

즉시 인근 군부대 폭발물처리반에 연락하고 파출소 밖에서 통제를 하면서 그 남자에게 말했다. "앞으로는 절대, 절대 직접 손으로 들고 오지 말고 발견한 그 자리에서 신고해달라"고.

그러고는 순댓국이라도 사 드시라고 만 원짜리 한 장을 쥐어주었다. 그 남자가 깍듯이 인사를 하고 사라지자 잠시 후 폭발물처리반이 도착해서 파출소로 들어가 그 폭탄을 들고 나왔다. 6.25 때 사용된 미제 고폭탄인데 불발탄이 맞다면서 어떻게 그 오랜 시간을 개천의 뻘 속에 묻혀 있었는지 모르겠다고 했다. 폭발할 위험성과 성능을 물었다.

"불발탄이지만 외부에서 충격을 주면 당연히 터질 수 있고 진짜 성능이 좋은 폭탄입니다. 만일 파출소 내에서 폭발했다면 파출소가 흔적도 없이 사라지는 것은 물론이고, 반경 200~300미터 주변이 쑥대밭이

됐을 겁니다."

그들은 담담하게 설명했으나 나는 온몸에 식은땀이 쫙 흘렀다. 그때 진짜 죽을 뻔했다. 문제는 그 후에도 그 착한 남자가 또 폭탄을 들고 꼭 내가 근무하는 날에 찾아왔다는 것이다. 그때는 돈도 주지 않았고 막 화를 냈더니 파출소 입구에서 소변을 보고 가버렸다.

이후 그는 다시 나타나지 않았고 우리는 군부대에 연락해 그 하천을 샅샅이 뒤져 몇 개의 불발탄을 더 찾아냈다. 지금 생각해도 끔찍한 경험이었다. 그리고 그 남자는 2009년 12월경 그 하천의 다리 밑에서 사망했다. 간경화로!

호랑이는 배고파도 풀을 뜯지 않는다

예전에 돌아가신 아버지께서 말씀하셨다.

"공직자는 국민들에게는 고양이 앞의 쥐가 되어야 한다. 다만, 자존심까지 버리는 쥐는 아니고 마음만은 늘 호랑이여야 한다. 호랑이는 아무리 배가 고파도 풀을 뜯지는 않는다. 풀을 뜯을 바에야 차라리 굶어서 죽는 게 낫다."

당시에 그 말을 들을 때는 도대체 이치에 맞지 않다고 생각했다. 왜 쥐 노릇하며 공직생활을 할 것이며 굶어 죽을 지경이 되어도 버티라는 것은 이해가 되지 않았다.

세월이 한참 지나 귓등으로 흘려들은 이야기의 의미가 절절히 와닿기 시작했다. 더럽게 돈을 벌려고 하거나 치사하게 아부해서 진급하려고 애쓰지 않았고, 적어도 사건을 가지고 장난을 치지도 않았다.

주변의 미움도 많이 받았고 늘 진급에서는 누락되었다. 그런데 이제는 그게 다행이라고 생각한다. 최소한 방송에서건 다른 이들과의 만남에서건 자신 있게 말할 수 있다는 것과 다 속여도 자신을 속일 수 없을 때 스스로 부끄럽지 않았다.

돌아보니 비교적 잘 살아온 것 같다. 이만하면.

여전히 아무리 배고파도 풀 뜯지 않고 이득을 위해서 요리조리 눈치 보며 아부를 실천하는 그런 몹쓸 인생은 살지 않겠다.

이번 주말에는 반드시 아버지 산소에 다녀와야겠다.

이면지 활용

분명히 구속되어야 할 범인이 있었다. 경매로 집이나 상가를 사고 세입자를 들인 다음 대출을 잔뜩 받고서 도산처리를 해 결국은 세입자들을 맨몸으로 나가게 하는 악덕 사기범이었다. 형사 시절 조사계에 근무할 때 그 인간이 내게 딱 걸려들었다. 방대한 수사를 해서 고의 부도, 뒷전 합의 사실을 밝혔고 그가 호화생활을 한다는 사실과 내연녀의 존재도 확인했다. 조사 후 구속영장을 신청했다. 그런데 단박에 '도주 우려 없고 다툼의 소지가 있다'는 이유로 기각이 되었다. 보강수사를 해서 또 구속영장 신청, 또 석연치 않은 이유로 기각, 다시 보강조사 영장신청, 기각이 반복되었다.

검사가 봐주고자 하는 것이라는 생각이 들 뿐이었다. 자꾸 영장을 재청구하니 최종적으로 '불구속 송치할 것!'으로 아예 못을 박아 수사 지휘가 떨어졌다. 수사의 종결권자는 검사이고 모든 수사의 책임자는 검사다. 마지막 구속영장이 기각된 후, 나를 비웃으며 당당히 걸어 나가던 그 범인의 표정은 지금도 잊을 수가 없다. 아무것도 할 수 없다는 무력감에 그날은 만취해서 귀가를 했고 며칠간 구겨진 자존심으로 잠을 설쳤다.

그때는 종이를 아끼자는 의도로 '이면지 활용'을 하던 시절이었다. 그 범인에 대한 '구속을 필요로 하는 사유'를 적은 부분만 서른 장 정도 복사해서 '이면지 활용' 도장을 찍고 그 검사에게 가는 모든 수사서류는 그 이면지로 작성했다. 그 검사가 수사서류를 넘길 때마다 결사적으로 봐준 범인에 대한 범죄사실 요지가 보이도록 한 것이다. 양심이 있는 검사라면 가책을 느끼라는 의미였고 치졸한 방법의 항의기도 했다.

복사한 이면지가 떨어져 갈 무렵, 전화가 왔다.

"무슨 이면지가 그리 많지요?"

"꼭 구속시키려다보니 많이 생산되었고 아직도 많이 남았습니다."

팽팽한 긴장이 잠시 흘렀지만 통화가 끝났고 갈등하던 나는 서른 장을 더 복사했다. 그런데 더 이상 쓰지 못했다.

"그만하시지요, 나도 상사의 지휘를 받는 검사입니다."

솔직해서 좋았다. 그에게서 어떤 양심과 동병상련을 느꼈기 때문이다. 이게 예전의 수사 현실이었다. 지금은 어떨까?

사기꾼

조사계에 근무할 때였다. 전날 당직을 했으니 오후에는 휴식을 취하려고 준비하고 있는데 서귀포경찰서에서 연락이 왔다. 내가 오래전에 지명수배한 사기꾼이 검거되었으니 인수해 가라는 것이었다. 당직 근무로 밤을 꼬박 새웠는데 제주도까지 가서 수배자를 데려와야 한다니 짜증이 났다.

미운 놈은 미운 짓만 한다더니 하필이면 당직 다음날, 그것도 그 먼 제주도에서 검거가 되다니, 그 사기꾼과 나는 참으로 악연은 악연인 듯했다. 부랴부랴 비행기표를 예매하고 대충 세수만 하고 출발했다. 서귀포경찰서에 도착하니 사기꾼은 양복을 쪽 빼 입고 앉아 있었다. 우리 관내에서 사기를 친 돈으로 내연녀와 제주도로 놀러왔다가 검거되었다고 했다. 내 왼손과 사기꾼의 오른손을 수갑으로 연결하고 제주공항으로 향했다. 사람들은 범인을 검거해 가는 형사의 모습을 처음 본 것처럼 수근거렸다. 흘끔흘끔 우리를 쳐다본다는 것을 충분히 느낄 수 있었으니까.

비행기에 올랐다. 미리 좌석에 앉아 있던 사람들의 시선을 확실히 느꼈고 뭔가 잘못되었다는 것을 깨닫는 데는 그리 오래 걸리지 않았다. 사람들의 시선이 나를 주시하며 동정의 눈빛을 보내고 있었기 때문이다. 사기꾼은 뽀얀 얼굴에 양복을 쪽 빼입었지만 나는 전날 당직을 마치는 바람에 면도는 고사하고 겨우 세수만 한 상태에 허름한 점퍼만 걸친 차림새였으니 누가 보아도 당연히 내가 범인으로 보였던 것이다. 뭔가 특단의 조치를 취해야 된다고 생각했다. 어떻게 할까 잠시 고민을 하던 중 사기꾼이 우연히 내 발을 밟았다. 이때다 싶었다.

"조심해, 임마" 하고 소리를 버럭 질렀다. 모든 사람들이 충분히 들을 수 있는 큰소리로 호통을 쳤다. 그제서야 사람들이 누가 형사인지 누가 범인인지 눈치를 챈 것 같았다. 김포공항에 내려서 경찰서로 오기까지 그 사기꾼은 터미널에서, 버스 안에서, 사람들이 조금이라도 많은 곳에서는 내게 틈틈이 큰소리로 구박을 받아야 했다.

"똑바로 해, 임마." "천천히 가, 임마." "빨리 가, 임마."

그 사기꾼은 멀리 도망쳤다가 잡힌 대가라고 생각했을까? 여하튼 난 형사였고 그 사기꾼은 범죄자였으니까 내 행동이 과한 것이었다고 생각하지는 않기로 했다.

수사곤동입

"'수사곤동입' 하셔요!"

얼마 전 결혼한 딸이 겨우 한글을 배우던 네 살 즈음 내 생일 카드에 써주었던 문구다. 원래 딸이 의도했던 것은 "'수사권 독립' 하셔요!"다.

아무것도 모르는 네 살짜리 딸은 제 아빠가 입에 달고 살았던 '수사곤동입'을 기억하고 있었던 것이다. 그리고 아빠가 그토록 간절히 원하니 아빠를 위해 축원한 말이었다. 이제 그 딸은 서른 살을 훌쩍 넘겨 결혼하고, 그 아빠는 퇴직해 전직 경찰이 되었다. 이제는 진심으로 경찰에게 독자적인 수사권이 부여될 것으로 보인다. '수사는 경찰이 기소는 검찰이' 하는 형사소송법의 대원칙이 실현될 것으로 믿는다.

경찰 재직 32년간 늘 '수사권독립'에 대한 꿈을 꾸었다. 검찰의 하수인으로 노예처럼 살던 '경찰살이'에서 벗어나서 진심으로 수사기관으로서의 권한을 갖고, 권한 행사만큼 책임지는 당당하고 성숙한 경찰이 되기를 바란다. 수사에 대한 모든 권한은 검사가 가지면서도 경찰 수사과정에서 야기되는 문제점에 대해서는 검찰 대신 경찰이 책임을 지는 웃기는 현상이 되풀이 되어온 게 반세기다. '권한 따로 책임 따로'라는 말도 안 되는 법칙이 적어도 검찰과 경찰의 관계였다.

지구상에 영장청구권을 형사소송법이 아닌 헌법에 명기한 나라도 대한민국이 유일하다. 1962년 5월 16일, 군사정변의 최고재건회의에서 법률가가 아닌 군 장교 20여 명이 모여 검사만이 영장청구를 할 수 있도록 헌법을 바꾼 것이 지금까지 유지되고 있으니 이게 제대로 된 나라였던가? 오히려 검찰의 '경찰수사 통제, 제 식구 감싸기' 등에 악용된 것이 훨씬 많다. 국민들은 이런 것을 알아야 한다. '수사곤동입'이 무르익고 있다.

김○○ 할머니 김밥

회룡역에는 김○○ 할머니 김밥집이 있었다. 처음에는 김밥과 어묵을 팔더니 나중에는 김밥은 포기하고 어묵만을 팔았다. 역내에서 판매를 하는 탓에 역사를 주로 이용하는 등산객에게 김밥을 제공하기에는 접근성이 떨어졌던 것이다. 여전히 김○○ 김밥이란 상호를 붙이고 어묵을 파니 그 역시 주변 사람들의 반응도 시큰둥해 손님이 많지 않았다. 급기야 완전히 폐업을 하고 말았다. 명멸이란 그 이름이 사라지는 것이다. 김○○라는 이름은 김밥을 떠나서 아무 의미가 없었던 것이다. 장르와 이름의 조화는 그만큼 중요하다.

범죄수사와 김복준을 떼어놓고 논할 수 없듯 말이다. 정체를 알 수 없는 부조화들이 여기저기 눈에 뜨인다. 본인은 스펙트럼을 확장하는 걸지 몰라도 사실은 그게 명멸의 전조다. 자신의 것, 자신만의 것에 집중해야 한다. 그렇지 않으면 이도저도 아닌 김○○ 김밥이 될 테니까. 방송가에 부쩍 그런 김○○들이 늘고 있다. 물론 김○○를 이용하고 김○○를 양산해서 시청자들을 기만하는 방송사들은 언젠가는 반드시 상응한 대가를 치르게 될 것이다. 아무리 힘들어도 이도저도 아닌 김○○는 되지 않으련다.

이제는 말할 수 있다

1998년도로 기억한다. 사회가 어수선하고 조직폭력배들이 곳곳에에서 설치는 바람에 힘없고 빽 없는 사람들은 납작 엎드려 숨죽이고 살아야 하던 때였다. 급기야 정부에서 처방전을 내놓는데 이른바, 범죄소탕 작전이다. 특히 조직폭력배는 동네 논두렁 깡패라도 잡아넣어야 된다고 할 때니까.

참고로 논두렁 깡패란 조직적인 어떤 규율을 정하고 조직 강령을 만들어 일사분란하게 움직이는 조직폭력배들과 달리 그저 시골구석에서 주먹깨나 쓰면서 그 동네에서는 당할 자가 없는 그런 어영부영 깡패를 흉내 내는 정도의 수준에 이른 자를 말한다.

더구나 그때 나는 이른바 폭력반의 반장이었다. 뉘앙스가 좀 그런가? 여하간 나는 당시 폭력반장이었다. 그리고 내가 관할하는 도시에는 속칭 '○○파'라고 불리는 폭력조직이 있었는데(지금도 일부 존재하고 있긴 하다) 그들의 인원이 당시에는 대충 120여 명가량 되었다.

그들은 타 지역에서 올라오는 폭력배들에게 지역을 내주지 않겠다는 애향심(?)에서 조직을 결성했다고 한다. 그때 나름대로 범죄 사실이 확인된 약 90여 명을 밤낮으로 추적해 검거를 했는데, 그중 보스급인 박 모라는 자가 도피를 했고, 조무래기들을 모두 검거한다고 해도 그자를 검거하지 않으면 안 되는 상황이었다.

그자가 잘 가는 유흥업소, 동거 중인 여자의 집, 인척 집 등을 찾아다니며 거의 매일 밤 잠복근무를 하곤 했는데, 그자는 기가 막히게 나타났다가 사라지곤 했다. 밤낮으로 윗분들에게 시달리기 일쑤고, 그자는 신출귀몰하니 당시에 애 타던 심정은 이루 말할 수 없었다. 그날도 직원들과 잠복근무를 하고 해산하면서 새벽 2시가 넘은 시각에 뚝방에 있는 포장마차에서 쓴 소주를 마셔댔다. 그리고 직원들에게 모두 들어가고 내일은 꼭 잡자고 결의를 다졌다.

직원들이 뿔뿔이 흩어져 들어가고 나는 소변이 마려웠다. 화장실이 있긴 하나 지저분하기도 하고 귀찮은 마음에 약 5미터 남짓 되는 다리 위에서 소변을 보기로 했다. 마신 술 덕분일까? 내가 생각해도 꽤 긴 시간 동안 시원하게 방사하고 있는데 옆에 어떤 친구가 슬그머니 다가서서 시원한 오줌줄기를 내뿜는 것이 아닌가?

순간적으로 옆으로 고개를 돌린 순간, 내 눈이 크게 떠지며 "어? 너

박○○!" 하는 사이, 목에 차가운 금속이 느껴졌다. 아주 간발의 차이로 그자가 나를 먼저 보았고, 어디까지나 자기방어를 위해 내 목에 회칼을 들이댄 것이다. 그자도 극도로 긴장해 칼을 쥔 손의 미세한 떨림이 내 목으로 전해져 왔고, 그 짧은 순간, 내 인생이 파노라마처럼 보이기 시작했다.

참으로 인간이란 불가사의한 존재다. 그 순간 내가 지나온 인생들이 파노라마처럼 눈앞을 스치고 지나다니 말이다.

"너, 이거 치우지 못해? 자수해라. 그러면 최대한 선처한다."

나는 아주 태연한 척 그자에게 말했다. 거기서 떨거나 두려움에 싸인 모습을 보여주면 그자가 내 목에 대고 있는 칼을 잡아당길 것 같았다. 그러면 내 인생은 허무하게 그렇게 갈 것이고.

"절대 못해. 왜 나를 그렇게 쫓는 거야."

그자의 태도는 완강했다. 그 시간이 얼마나 흘렀을까, 당시 나로서는 엄청나게 긴 시간이 흐른 것 같고 어느 순간, 왼쪽 구두 밑창이 뜨듯한 것을 느꼈다. 내가 공포에 휩싸여 오줌을 지린 것이다. 그것도 조금 전에 볼 만큼 보았는데 여분이 있었던 것인지.

긴장의 대치 상태는 순간에 해제되었다. 정말 운이 좋게도, 우리가 대치하고 있는 쪽으로 음주운전자의 차량이 갑자기 라이트를 켜면서 돌진을 했고, 나는 그 틈을 이용해 그자의 허리를 잡아 밀치면서 다리 아래로 동시에 추락했다.

하늘은 분명히 있었다. 어찌된 연유인지(그 친구가 먼저 추락을 시작했고 내가 뒤를 이어 내리꽂았으니 당연한 결과였다) 그자의 위로 내가 떨어져 내린 것이다.

정신이 아득하고 멍한 순간, 악취 나는 개천에서 몸을 일으켰는데, 내 밑에서 그 친구가 "욱, 욱" 하며 우측 옆구리를 잡고 신음을 하는 것이 아닌가. 나중에 확인해보니 우측 갈비뼈가 두 대나 부러졌다고 한다. 간발의 차이로 98킬로그램의 내가 그자의 위로 추락하며 엄청난 타격을 가해 부러진 것이었다. 고통으로 대항할 엄두도 못내는 그자를 개천에서 끌고 나오면서 한마디 했다.

"너 임마, 이제 넌 죽었어."

밝은 곳으로 가서 보니 가관이었다. 개천을 따라 내려온 콩나물이 머리칼에 걸쳐 있고 악취 나는 검은 진흙이 온몸을 도배하고 있었다. 의기양양하게 경찰서로 그자를 연행했고, 그날로 그자를 검거하기 위한 잠복근무는 막을 내렸지만, 돌이켜 생각하니 "휴" 하고 한숨이 나왔다. 만일 그 음주운전 차량이 아니었다면 나는 혹시 큰 것까지 보지 않았을까? 그리고 다행히도 개천으로 추락한 덕분에 내가 오줌을 지린 사실은 아무도 몰랐다는 중요한 사실.

요즈음도 가끔 그날의 일이 생각나곤 한다. 참으로 젊은 날, 어쩌면 추억 같은 일이었지만, 당시에 난 목숨을 걸었던 것이다. 이제는 말할 수 있다. 사실 그날 나는 오줌을 지렸다. 그리고 분명히 배운 것은 있다. 하늘은 분명히 있다.

가짜

형사들은 현장에 나가서 눈으로 확인하지 않은 사실을 보고서로 작성하는 것에 대해서 금기를 넘어 죄악시한다. 현장의 중요성을 강조하다보니 만들어진 관행 혹은 전통이다. 현장을 보고 쓴 보고서도 사람마다 다르거늘, 보지도 않고 작성한 보고서야 말해서 무엇할까? 끊임없이 가서 보고, 또 보는 과정에서 현장이 주는 단서를 찾아서 사건을 해결해야 한다.

수사회의를 할 때 현장에 가본 사람이 말하는 것과 가보지도 않고 본 것처럼 말하는 사람은 순식간에 구분이 된다. 우선 눈을 마주치지 않고 허공을 보거나 눈을 옆으로 굴리며 말한다. 거짓에 대한 죄책감과 논리적인 거짓말을 위해서 뇌를 굴리니 그렇다. 아주 미세한 현상이지만 짬밥이 쌓인 상사가 보면 금방 알 수 있다.

그래도 그 즉시 지적하거나 면박을 주어서는 안 된다. 나 같은 경우에는 당일 명과(당일 지시되는 그날의 할 일)를 중복해서 또 주곤 했다. 어제 주었던 명과를 재차 주는 것으로 내 마음을 알렸다. 그리고 다음 보고 때는 일부러 그의 표정을 살피거나 따지지 않았다. 이미 그 보고는 나에게는 시기를 상실한 내용이었기 때문이다. 다만, 그가 현장을 보았으므로 그 사건을 맡을 자격을 취득하는 것으로 여겼다.

방송에서도 단서도 달지 않고 마치 본 듯이, 잘 아는 것처럼 떠드는 사람들을 보면 예전에 내가 했던 방법을 쓰고 싶어진다. 방송에서는 적어도 대한민국 국민이 다 보고 있다고 생각하고 말해야 한다. 그래서 거짓말을 하면 안 되는 것이다. 아주 작은 것도 속여서는 안 된다. 이를테면 박사과정 수료의 학력을 박사라고 표기한다든지 간헐적인 강사활동을 교수로 포장한다든지 소속단체를 꾸며서 소개하는 등의 행위를 하지 말아야 한다.

알고서 모른 척하는 것처럼 고통스러운 일은 없다. 방조에 의한 공범이 되는 것으로 느껴지니 말이다. 언젠가 만일 방송의 신뢰성에 금이 간다면 반드시 위에서 내가 말한 문제점들이 드러나는 순간일 것이다. 그때 비난은 검증하지 않은 방송사 쪽이 좀 더 크게 받아야 한다. 가짜가 많은 세상에서 가짜와 맞서면서 사는 일이 힘들다.

끗발

파출소장으로 있을 때 아침마다 직원들을 모아 놓고 조회를 했다. 일반적으로 아침 조회는 업무 관련 과제를 브리핑하는 것이 목적이지만 늘 뻔한 이야기라서 좀 달리했다. 직무 관련한 사항은 근무일지에 기재해 직원들이 보도록 하고, 매일 감명 깊었던 책이나 영화에 대해서 대화를 나누고 좋은 글이 있으면 소개하는 형태로 진행했다. 그날 아침은 윈스턴 처칠과 교통순경의 일화를 소개했다.

어느 날 처칠이 급한 회의가 있어 집무실로 가게 되었다. 워낙 급하고 중요한 회의라서 처칠은 운전기사를 독촉했다. 운전기사도 회의의 중요성을 인식하고 급히 운전을 하다가 그만 신호를 위반하고 말았다.

교통경찰관이 차를 세우고 다가왔다. 처칠이 창문을 내리고 얼굴을 내밀며 말했다.

"어, 수고가 많아요. 나 수상인데 급한 회의가 있어 가는 중이라오."

내심 처칠은 교통경찰관이 화들짝 놀라며 거수경례를 하고 바로 통과시켜주리라 기대했다. 그러나 그런 일은 일어나지 않았다. 교통경찰관이 빙긋이 웃으며 한마디 했다.

"아, 얼굴은 아주 많이 닮았네요. 그렇지만 수상님일 리가 없어요. 우리 수상님이 교통위반을 하겠어요? 운전면허증을 주시지요."

결국 처칠은 교통경찰관에게 적발되고 말았다. 너무 괘씸해서 가만히 두지 않겠다고 다짐하며 집무실에 도착했다. 좋아하는 담배를 한 대 피우면서 적당한 시간이 흐르자 처칠은 오히려 그 교통경찰관이 기특하고 대견하게 여겨졌다.

"그래. 저런 경찰관들이 있다니, 역시 우리 영국은 희망이 가득한 나라야. 권력에 굴하지 않는 엄정한 공무원, 군인, 경찰이 존재해서 대영제국이지."

깨달은 바가 있는 처칠은 런던시경국장을 만났다. 그 자리에서 아침에 있었던 일을 이야기하며 그 훌륭한 교통경찰관에게 상을 주라고 지시했다. 그런데 시경국장이 정색을 하며 그럴 수 없다고 했다.

"교통경찰관이 당연히 해야 할 직무를 했는데 상을 준다는 것은 말이 안 됩니다."

처칠은 다시 한 번 자신의 어리석음에 땅을 쳤다. 시경국장이 돌아가고 처칠은 집무실에서 오랜만에 통쾌하게 웃으며 자신의 조국 영국의 미래가 밝다는 사실에 감탄했다. 국민들과 공직자가 각자 맡은 자리에서 최선을 다하고 질서가 유지되는 영국이 패망할 수는 없었던 것이다.

조회가 끝나고 직원들이 각자 지정된 근무를 하러 나갔다. 점심 식사를 마쳤을 즈음, 전화벨이 요란하게 울렸다. 경찰서장이었다.

"소장, ○○당 봉고차 신호위반으로 단속했어요?"

"직원들이 순찰을 나가서 아직 들어오지 않았는데 왜 그러시지요?"

"○○당 로고까지 붙어 있는 승합차라고 하는데 그걸 안 봐주고 단속하면 되겠어요?"

아뿔싸, 우리 직원 중 누군가가 순찰 중 신호위반 하는 승합차를 적발했는데, 하필이면 서슬 시퍼런 집권당의 차량이었던 것이다. 난감했다. 그 당시에 감히 집권당 소속 차량을 적발해 범칙금 스티커를 발부한다는 것은 미친 짓이었다. 고민하는 사이, 순찰 나간 H 경장이 들어왔다. 그의 손에는 여러 장의 교통스티커가 들려 있었다.

"H 경장, ○○당 차량 적발했어요?"

"네. 우리 차 앞에서 당당하게 신호위반 하는 것을 발견하고는 쫓아가서 적발했습니다. 처칠 수상도 딱지를 떼는데 당원 몇 명이 타고 있는 차가 위반을 하기에 가차 없이 법대로 집행했지요."

결국 H 경장에게는 한 마디도 못했고, 그 후 나는 상상보다 훨씬 많은 고초를 겪었다.

예전에는 집권당의 동네 당원만 되어도 특권을 누리는 것이 당연한 시절이 있었다. 지금은 그렇지 않을까? 교묘하게 법망을 빠져나갈 뿐 변한 것은 하나도 없으리라. 슬프지만. 그렇게 목구멍에 풀칠하며 살아 온 나는 방조범일까? 피해자일까?

잠복근무와 번데기

형사들이 가장 하기 싫은 업무를 두 가지만 꼽으라면 아마 대부분 잠복근무와 미행을 꼽을 것이다. 형사들의 용어로 잠복은 '꼬미'를 선다고도 한다. 용의자가 나타날 가능성이 있는 집 앞에서 무한정 기다리는 일이다. 그런데 문제는 꼬미를 서는 집이 용의자의 집이 아닌 경우가 더 많다는 점이다. 대부분 용의자의 사돈의 8촌 정도 되는 사람의 집으로, 용의자가 그 집에 나타날 확률은 1/1,000도 안 되는 경우가 대부분이다. 그래도 만에 하나 그 집에 나타날 경우를 대비해 형사들이 24시간을 지키는 것이 잠복이다. 사정이 그러니 사실상 근무를 하면서 정신을 집중하고 눈을 부릅뜨고 지킨다는 것은 거짓말이나 마찬가지다.

수년 전, 겨울. 우리 반에 잠복 지시가 떨어져 남양주 인근의 어떤 주택가에서 '꼬미'를 서게 되었다. 그해 겨울은 유난히 추워서 가만히 서 있어도 볼이 화끈거리고 발이 시려 도저히 밖에서 10분 이상을 버티기 힘들었다. 지금 형사들은 대부분 차를 가지고 있어 차 안에서 추위를 피할 수 있지만 당시는 차가 흔치 않아 길바닥에서 발을 동동 구르며 근무를 하던 시절이었다. 두 명씩 교대로 근무를 서는데, 서로 말도 하기 귀찮아 덜덜 떨던 우리 직원이 마침 인근에서 번데기 리어카를 발견한 것이 화근이었다. 그 직원은 번데기 장수에게 다가갔다.

"아저씨, 그 리어카하고 번데기하고 통째로 얼마면 빌릴 수 있어요?"

"뭐라고요? 이걸 빌려 달라고요?"

"예. 리어카와 남은 번데기는 내일 아침에 모두 돌려드릴 테니 걱정 마시고 번데기 값만 전부 얼마지요?"

직원이 자초지종을 한참 설명하더니 내게 다가와 현재 가지고 있는 돈이 전부 얼만지 물었다. 금세 눈치를 챘다. 마땅히 서 있기도 불편하고(가능한 한 사람들의 눈에 띄지 않는 장소에서 근무를 하는 것이 잠복근무 형태이기 때문이다) 날은 추운데 번데기 장수로 위장을 하면 일석이조의 효과가 있을 것 같았다. 여차저차해서 번데기 리어카를 임대하고 우리는 본격적으로 번데기 장수가 되었다.

본래 잠복을 나가는 형사들은 6.25때 구호물자로 들여온 털모자 달린 미제 야전 점퍼를 모두 갖추고 있었고, 번데기 리어카와 궁합이 잘 맞아 아주 자연스러웠던 것도 우리가 쾌재를 부른 이유 중의 하나였다.

정말 따뜻했다. 잠시도 서 있기 힘든 겨울 날씨에 연탄불의 온기가 얼마나 고마웠는지 모른다. 게다가 은은하게 풍기는 번데기 익는 냄새는 우리를 순간이나마 기쁘게 해주었다. 하지만 약 1시간이 흐른 후에 사달이 벌어졌다. 한 남자가 번데기를 사러 왔다.

"아저씨, 번데기 500원어치만 주세요."

"아, 예, 여기요."

우리는 신문지로 만든 고깔 모양의 봉지에 번데기를 담아주었다. 번데기를 퍼 담는 나를 보던 남자가 몇 번을 고개를 갸웃거렸지만, 대수롭지 않게 생각했다. 번데기를 받아 든 그 남자가 몇 발자국을 가다가 다시 되돌아왔다.

"아저씨, 혹시 ○○초등학교 졸업하지 않았어요?"

"저 말입니까?"

"예, 아저씨 말이에요."

자세히 살펴보니 낯설지 않은 얼굴이었고, 어릴 적 동창생이 맞는 것 같았다. 그러나 그때는 잠복근무 중인데, 아는 척할 수는 없는 노릇이었다. 나는 시치미를 딱 떼고 말했다.

"아, 잘못 보신 모양이네요. 저는 ○○초등학교를 졸업했습니다. 이웃 학교다보니 낯이 익은 모양이군요."

그 친구는 한참 고개를 갸웃거리며 내 얼굴을 주시하더니 미안하다고 말하고 돌아섰다. 괜스레 가슴이 통탕거리고 있었다. 마치 잘못을 저지르다가 들킨 사람처럼. 그런데 채 10분도 안 되어 그 친구가 다시 나타났다.

"혹시 김복준 아니에요? 맞는 것 같은데."

참으로 집요한 친구였다. 자기 딴에는 아무리 보아도 맞는데 내가 시치미를 떼자 재차 확인하려고 온 것 같았다. 이번엔 화를 내며 말했다.

"아니, 이 아저씨가 왜 이래, 아니라니까."

"아니면 그만이지 왜 화를 내고 그래요. 이 아저씨가."

겨우 그 친구를 돌려보내고 한숨을 쉬었다. 예상한 대로 우리가 기다리던 범인은 나타나지 않았고, 우리는 철수를 했다. 그런데 약 한 달이 지나고 일이 터졌다. 여기저기서 동창생들에게서 전화가 오기 시작하는 것이다.

"너, 어렵다면서? 공무원은 왜 그만둔 거니?"

"무슨 일이 있는 거니?"

"뭔 노점장사를 한다고 하던데 사실이니?"

그나마 직접 전화를 걸어 확인하는 친구들은 상당히 조심스럽게 질문을 했지만, 귀로 들리는 소문은 가히 가관이었다.

"김복준이가 부조리를 하다가 잘려서 교도소를 갔다가 나와서 길거리에서 번데기 장사를 한다더라."

"창피하니까 모자를 푹 눌러쓰고 동창생을 만났는데 아니라고 딱 잡아떼더란다."

"집안도 풍비박산되고 이혼해 떠돌면서 산다더라."

이런저런 해명을 하는 데 거의 1년을 소비해야 했다. 잠복근무의 단점이랄까, 애로사항은 이런 식으로도 찾아오곤 한다. 약 25년간의 형사생활을 하다보니 그것도 이젠 웃으면서 말할 수 있는 추억거리가 되었지만, 당시에는 왜 그렇게 그것이 불편하고 화가 났었는지 모르겠다.

요즈음은 어려운 근무, 하기 싫은 업무를 최대한 피해보려고 요령을 피우는 젊은 후배들을 보면 형사로서의 프로정신이 없어 보여 좀 섭섭하기도 하다. 형사를 오래 하다가 보면 열정은 식고 감정은 사그라지기 십상이다. 하지만 경찰도 사람이고 이 나라의 국민이며 인권을 향유할 권리도 있다. 그래서 남들처럼 가슴 아픈 것도 알고, 슬픈 것도 알며 분노할 줄도 안다.

경찰은 아무런 감정이 없는 사람들로 비추어지는 요즈음의 세태가 어떤 때는 너무나 속상하고 화도 나지만, 누군가 사회를 위해 이런 역할을 담당해야 한다는 분담의 원리를 담담히 받아들이는 노력을 지금도 계속하고 있다. 어쩌면 평생을 그렇게 노력만 하다가 갈지 모르지만 말이다.

기억의 단계

범죄 피해자의 기억에 대해 말해보고자 한다. 끔찍한 범행으로 피해를 당한 피해자들은 3단계 정도의 심리 변화를 거친다. 이건 이론이 아니라 수십 년간 일선에서 경험한 결과다.

첫 번째, 범행 직후 엄청난 충격에 빠져 거의 모든 기억들이 사라져 캄캄해진다. 심하면 '실어증'에 걸리기도 한다. 그리고 만사가 귀찮아진다. 자신에게 닥친 일이 마치 자신의 탓인 것처럼 자책도 한다.

두 번째, 사건의 끔찍한 기억이 조금씩 떠오르려고 꿈틀거리지만 스스로 막는다. 기억조차 하기 싫어 지우려고 애쓰고 일부러 기억을 하지 않으려고 무척 노력한다.

세 번째, 마음이 어느 정도 안정되고, 특히 범인의 수사가 종료되면 편안한 기분을 느낀다. 이때부터 닫았던 기억의 문을 개방하고 서서히 그날의 일들을 어렴풋이 떠올린다. 어떤 것들은 비록 앞뒤가 잘린 편린이지만 확실하게 보이기 시작한다. 조각조각 순간순간의 기억들이 두서없이 떠오르지만 그렇게 고통스럽지는 않다.

바로 이것이다! 흑산도 윤간 사건 피해 여교사가 범인들이 송치되기 직전에 기억났다는 부분이. 범인들끼리 나누던 대화 중 "○○야, 빨리 나와!"란 말이 기억난 것이다. 3단계 상태에서 피해 당시의 아련한 기억이 떠오른 것이다. 나는 그 기억이 확실하다고 믿는다. 그런 경험을 많이 목격했기 때문이다. 경찰의 손을 떠나 검찰로 송치된 후 내게 전화해서 뒤늦게 이런 기억이 났다고 말해준 피해자들을 많이 봤다. 여교사의 기억은 분명히 맞고, 그자들은 당일 윤간을 하기로 공모한 게 분명하다.

천하의 나쁜 사람들! 하늘의 처벌도 당연히 받을 것이라고 믿는다. 내가 '실무범죄학'을 쓰고자 하는 이유도 바로 그런 이유 때문이기도 하다.

물난리와 미숫가루

30여 년 전 어느 날, 전국에 걸쳐 본격적으로 폭우가 내리기 시작했다. 아예 폭포처럼 퍼부었다고 해야 옳을 것이다. 이미 며칠 전부터 내리기 시작한 비는 집중호우로 변하면서 한반도를 대륙에서 분리하려는 듯 퍼부어댔다. 온 사방은 물로 가득하고 집을 잃은 사람들이 학교 강당으로 몰려들고 댐 관리본부에서는 이미 포화가 된 댐의 수문을 개방해야 할 지경에 이르렀다. 수문을 동시에 개방하면 거의 재앙 수준의 홍수가 예상되는 일촉즉발의 시간이 흐르고 있었다. 언론에서는 댐 근무자들도 대피해야 하는 상황이라는 보도가 이어지고 있었다.

그때 나는 지방의 한 파출소에서 근무하고 있었다. 임무는 하천을 끼고 있는 판잣집 주민들을 대피시키는 일이었다. 하천의 수위가 오르고 있어도 주민들은 하나라도 더 가져가려고 집에 다시 들어가려 했다. 당시는 재산목록에 TV가 포함되는 시절이었다. 집집마다 무거운 로터리 채널 TV를 들고 나오려고 주민들이 무진 애를 쓰고 있었다. 수없이 위험하다고 경고를 해도 울면서 날뛰는 주민들을 통제하는 건 무리였다. 할 수 없이 경찰봉을 휘둘렀다. 울면서 경찰봉을 휘둘렀다. 나중에 경찰인원이 동원되어 완전 통제를 하기 전까지 지금은 세상을 뜬 박○○ 순경과 함께 거의 몽둥이를 든 폭군처럼 통제를 했다. 울기도 많이 울었다.

그날 아내는 딸을 낳기 위해 병원에서 진통을 하고 있었고 내 딸은 아빠도 없이 세상에 왔다. 그래서 늘 미안한 아내와 내 딸! 경찰관을 가장으로 둔 가정의 비애가 아닐까?

엄청난 재앙이 지나간 후 파출소로 주민들이 찾아왔다. 내게 맞은 사람들도 한눈에 보였다. 한손에 양동이며 농기구를 들고 있었다. 각오하고 담담히 맞았다. 그런데 놀랍게도 양동이에는 얼음을 띄운 미숫가루가 있었다. 내게 맞은 사람은 무표정한 얼굴로 먼저 다가와 국자로 한 그릇 푹! 미숫가루를 퍼주었다. 서로 눈빛만 교환했다.

“수고했어, 네 마음 알아.”

“미안해요, 어쩔 수 없었어요.”

우리는 어느새 속으로 그런 대화를 나누었다. 매년 이맘때만 되면 생각나는 일화다. 다들 잘 살고 있을까?

죄가 있는 곳

일가족 다섯 명이 차 안에서 죽어 발견된 사건이 있었다. 경찰에서는 수사 중이라며 부검을 한다고 했다. 추정컨대 가장이 가족들에게 수면제를 먹이고 차례차례 살해한 후 자신도 자살한 것으로 보였다. 언론에서는 힘들고 지친 가장의 극단적인 선택이라며 안타깝다고 전했다. 과연 맞는 것일까? 어려운 살림살이, 각박한 세상에만 책임이 있는 것일까?

그 가장은 이유 여하를 막론하고 살인자다. 자신의 아내, 여덟 살 난 딸, 여섯 살 쌍둥이 두 명을 살해한 살인자일 뿐, 다른 것은 없다. 그 어떤 이유로 살인이 정당화될 수 있단 말인가?

이런 일이 있으면 제발 주파수 좀 제대로 맞추어 알려주면 좋겠다.

차라리 보도를 하지 말든가. 살인자가 궁핍을 이유로 비난받지 않는다는 것은 있을 수 없는 일이다. 다시금 언론의 보도에 대해 생각해본다.

형사로 산다는 것

우리가 추적하는 도박판(일반적으로 '하우스판'이라고 불렀다)이 있었다. 도박이 열리는 시간과 참가 인원, 판돈의 크기를 파악하고 진입로와 도주로를 확보한 후 급습을 했으나 당일 그곳에서는 이웃사람끼리 10원짜리 동전을 놓고 '짜장면 내기 고스톱'을 하고 있었다. 누가 봐도 잘못된 첩보라고 생각할 수밖에 없는 상황이었다. 제보자를 만나 다시 확인하니 급습 사실이 노출되어 '먹기 내기'로 위장하기 위해서 10원짜리 고스톱을 치고 있던 것이라고 했다. 다시 조회시간에 회의를 하고 다음 급습 날짜를 잡아 현장에 들이닥쳤으나 또 헛방!

문제는 형사실 내부에서 회의를 한 데 있었다. 우리 반 동료가 아니면 옆 반 직원 중 누군가가 우리 회의 내용을 듣고 사전에 연락을 해주는 것이 확실했다. 몇 번의 가짜 회의로 그 쪽도 헛방을 날리게 하고 밖에서 우리끼리 날짜를 잡아서 급습을 했다. 당시로서는 엄청나게 큰 도박판이었다. 다섯 개 이상의 판이 있었고 판돈은 수천만 원에 육박하는 대형 '하우스판'이었다. 참가 인원도 30여 명에 달하고 도박을 붙이는 조폭, 심부름꾼, 꽁지, 주방 아줌마까지 있었다. 그런데 우리를 더욱 망연자실하게 만든 것은 단속 과정에서 발견한 충격적인 물건 때문이었다. 각 판마다 큰 '분유통'이 하나씩 있었는데 매직펜으로 "김 아무개 것", "이 아무개 것"으로 표기가 되어 있었다. 매 판마다 많이 딴 사람이 일정금액을 그 분유통에 떼어 넣으면(고리를 뗀다고 한다) 도박판이 끝날 즈음 그것을 누군가 가지러온다는 것이었다. 문제는 바로 그들이 형사라는 점이었다. 이미 동료들 사이에서 소문이 난 비리형사 선배들이었다.

고리가 모아진 '분유통'을 들고 형사실로 들어와 조사를 마치고 깊은 고민에 빠졌다. 이미 우리 반 몇몇 형사들에게 비리 선배들이 선처를 구하는 연락이 온 듯 했지만 당시에 가장 나이 어린 형사반장이었던 내게는 청탁이 없었다. 그 비리 형사들을 어찌 처리해야 할까? 당연히 입건해 처벌해야 할까? 모르는 척 그냥 넘어갈까? 많은 고민을 했고 어려운 결단을 했다. 원칙대로 보고를 하는 것이었다. "보고는 책임의 회피다." 형사계장에게 보고했고 그 후로는 일부러라도 신경 쓰지 않기로 했다. 그들은 똥 씹은 얼굴로 감찰반을 드나들며 틈만 나면 나를 잡아먹을 듯 노려보았지만, 그때마다 나는 오히려 경멸의 눈빛으로 대응하며 일절 관여하지 않았다. 결론부터 말하면 그들은 현직을 유지할 수는 있었지만 징계와 보직변경 등 인사상 처벌을 면하지 못했다. 지금 생각해보면 즉시 형사적 처벌을 받고 당연히 파면되어야 옳았지만 당시에는 그 정도의 용기가 내게 없었다.

그런데 얼마 전 '분유통'의 주인이었던 한 사람이 사망했다. 조문은 가지 않고 부의금을 보내면서 많은 생각을 했다. "당신 인생의 물줄기를 바꾼 나를 용서하고 가는 겁니까?" 공교롭게도 지금 그들은 모두 이 세상 사람이 아니다. 심지어는 그때 내게 보고를 받고 그들을 처리한 형사계장마저도. 그 사건을 계기로 나는 동료 사이에서 '피도 눈물도 없는 비정한 놈', '건방지기 이를 데 없는 싸가지', '선배도 몰라보는 예의 없는 놈', '진급에 눈이 먼 놈'이 되어 거의 왕따로 살았다. 근거 없는 소문과 음해, 무기명의 진정서가 들어와 틈만 나면 감찰조사를 받았다. 삶은 자신이 선택한다고 한다. 그렇다고 선택하는 대로, 원하는 대로 굴러가는 것도 아니지만.

지난한 세월을 거쳐서 강의도 하고 방송에도 출연하고 있는 지금의 나는 올바른 선택의 결과를 맛보고 있는 걸까? 여전히 저러려고 그렇게 비정했던 것이라고 말하는 또 누가 있을지도 모르지만 난 내가 선택한 삶의 방향과 내가 추구한 정의에 대해 절대로 후회하지 않을 것이다. 경찰이 수사권을 가져오려면 어떻게 해야 하는지는 구성원 자신들이 당연히 제일 잘 안다는 진리!

신문지 깔아!

조그만 빌라에서 발견된 여성의 시체를 처음에는 구분할 수도 없었다. 무슨 원한이 그리 많아서 사람을 그 지경이 되도록 찌르고 또 찔렀을까? 그래도 한때는 목숨 걸고 사랑해서 죽고 못 사는 사이가 아니었던가? 중년의 사랑은 그렇게 잔인한 종말을 맞고 말았다. 최대한 빨리 사체를 수습하고 살인범을 찾기 위해서 비상을 걸었다.

먼저 범인의 누나가 운영한다는 장어집으로 찾아가 물으니 어제 잠깐 들렀고 현재까지 본 적이 없다고 한다. 그녀의 집을 수색하고 싶었지만 영장이 없으니 별 수 없었다. 1개 조를 그녀의 집 앞에 배치하고 연고지 수사를 하다 보니 밤이 깊어졌다. 문득 유서 비슷하게 써둔 살인범의 편지가 생각났다.

"다 끝났다. 모든 게 다 끝이다. 산다는 게 별 게 있냐. 나도 떠난다. 못난 자식, 동생을 잊으세요."

살인범의 누나에게 급히 전화를 했다. 부모님이 살아 계신지 물었다. 모두 오래전에 돌아가셨다고 한다. 가까운 산에 묘소가 있다고 했다. 동원할 수 있는 조명을 전부 챙기고 살인범 부모의 묘소를 찾아갔다. 밤부엉이가 음산하게 우는 산속에 묘 두 기가 보였다. 주변을 전부 살폈으나 살인범이 있거나 왔다간 흔적은 보이지 않았다.

그곳에도 1개 팀을 잠복시키고 현장으로 복귀할 무렵! 앞 잠복조로부터 장어집 2층에서 인기척이 있었다는 연락이 왔다. 급히 장어집에 도착해 범인의 누나에게 2층 방을 보여달라고 부탁하니 그녀의 눈꺼풀이 순간적으로 파르르 떨렸다. 분명히 그곳에 범인이 있다는 확신이 들었다. 이미 잠복조는 2층 거실에 진입해 방을 수색할 준비를 하고 있었으나 집주인의 거부로 대치 중이었다. 방에다 대고 크게 소리를 질렀다.

"○○○ 씨, 거기 있는 것을 알고 있습니다. 스스로 나오세요."

지리한 침묵이 흐르고, 우리가 강제진입을 위해 논의하는 사이 방문이 벌컥 열리며 손과 배에 피가 범벅이 된 살인범이 소리를 질렀다.

"누구든 들어와봐. 같이 죽는 거야."

그의 손에 부엌칼이 쥐어져 있었다. 거의 한 시간이 넘게 설득을 했으나 범인은 연신 자신의 몸에 자해를 하며 버티고 있었다. 더 이상은 기다릴 수 없다고 판단했다. 무엇보다 자해를 해 출혈이 많은 범인의 안전도 걱정되었다. 강제로 진입해 검거할 수밖에 없다고 판단했다.

"신문지 깔자."

막내 형사가 기다렸다는 듯이 신문지를 한 뭉치 들고 왔다. 런닝 셔츠 위에 신문지를 여러 장 겹치니 총알도 막을 수 있을 것 같았다. 가죽 장갑을 끼고 경찰봉을 힘주어 잡았다. 내가 진입하면 후속으로 뒤따를 형사들의 순번을 정하고 방문으로 뛰어들었다. 급작스런 진입에 당황한 범인이 "엇" 하고 소리를 지르며 달려들다가 갑자기 방바닥에 "쿵" 하고 쓰러졌다. 제압할 필요가 없었다. 수갑을 채워 검거한 범인을 병원으로 먼저 후송했다. 그는 이미 출혈로 탈진되어 항거할 힘이 없었던 상태에 있었던 것이다. 치정에 의한 잔인한 살인사건은 그렇게 끝이 났다.

지금은 형사팀에 방검복이 지급되었다. 방검복을 입으면 적어도 급소에 흉기를 맞을 걱정은 하지 않는다. 얼마나 다행인가? 하지만 그 당시 우리는 암호처럼 이야기했다. 부득이 진입해 제압해야 할 상황이 되면 팀장이 앞장서야 하고 막내 형사는 신문지를 준비해 오곤 했다. 팀장의 배에 신문지를 한 장 한 장 겹치면서 서로 아무 말 하지 않았어도 이심전심 서로를 걱정하고 무사하기를 기원했었다. 형사들의 언어! "신문지 깔아!"

간통 전문 수사관

어제 방송을 하다가 문득 떠올린 과거 황당사! 그 선배는 간통 전문 수사관이었다. 지금은 간통죄가 없어졌지만 전에는 일단 고소장이 접수되고 죄가 인정되면 가차 없이 구속되어 실형을 선고받았다. 통상 6개월에서 1년 정도 실형이 나왔다.

당시 우리 경찰서 조사계에는 신 모 형사가 있었는데 어찌나 간통사건 처리를 잘하는지 거의 간통사건을 몰아서 배당해주곤 했다. 간통사건을 신 형사가 맡으면 진짜 신기방기하게도 2주 이내 합의하고는 웃으며 걸어 나가는 것을 수없이 봤다. 인생 상담과 부부 간의 일을 어찌나 잘 다루고 많이 아는지, 언변도 현란하여 합의를 한 부부들이 하나같이 고개를 조아리며 해탈한 성자의 표정으로 경찰서를 나가기도 했다. 부정한 상대를 용서하고 같이 손잡고 나가는 남편이나 아내이니 어찌 성자에 비견되지 않겠는가? 그렇게 되도록 사건처리를 한 신 형사 역시 대단한 사람이었던 것이다.

조사계에 근무하던 20여 명의 형사들은 아예 간통사건이 접수되면 당연히 신 형사가 하는 것으로 생각했다. 그런데, 그런데 말이다. 어느 여름날, 우리 집으로 인접 경찰서 형사계에서 전화가 왔다.

"김 형사님이시죠? 우리 경찰서에 신 형사가 간통 현행범으로 체포되어 있습니다."

황당했다. 나중에 진상을 알고는 더 황당했다. 그의 간통 상간녀는 다름 아닌 얼마 전 그에게 조사를 받던 여인이었고, 그녀의 남편이 상간남인 신 형사를 현장에서 잡은 것이다. 자신이 취급했던 수사 대상자와 바람이 나서 적발되고 합의를 해서 처벌을 면하기까지, 그는 퇴직금의 반을 주었고 징계를 받고 시골 지서로 유배되었다. 진짜 웃기는 선배였다. 그런데 증거는 없지만 그녀는 유난히 다른 남자와 간통을 많이 하고, 남편도 돈만 받으면 용서도 잘했던 것으로 보였다.

이제 그 선배도 이 세상에 없다. 간통죄가 사라지고 간통 전문 형사도 사라지고 없다. 세월이 무심히 흐른다.

악연

출출한 속을 풀 겸 전철역 인근 선술집에서 쇠주 한잔을 기울이고 있을 때 불쑥 나타나 인사를 하는 사람이 있었다. 아주 짧은 순간에도 상대의 인상을 살피고 뜯어보는 능력이 생긴 지는 오래! 길거리에 좌판을 깔아도 될 것 같은 희한한 능력이 생기기는 했다.

정상적인 사람은 아니었다. 한눈에 알아보지 못한다면 일관계로 맺어진 인연일 터. 분명히 내가 교도소 티켓을 끊어 주었거나 그 외에 어떤 경우든 그다지 아름다운 만남으로 면을 튼 것은 아니라는 생각이 들었다. 바로 경계모드로 돌입하고 상체를 곧추세우며 억지로 담담한 표정을 지었다.

"누구시더라, 내가 나이를 먹었나. 도통 생각이 안 나네요."

"형사님이 기억하시겠어요? 그 많은 중생들을 구제하셨는데."

역시 악연을 만난 것이다. 내가 구제한 중생이 맞았다. 약 20여 분 넘게 그의 말을 들어주어야 했다. "살기 힘들다. 세상 더럽다. 날 때부터 나쁜 놈이 어디 있냐? 당신은 정말 아무 죄도 안 짓고 살았냐? 잡아넣을 때도 인간 대접은 해주는 게 맞지 않느냐?" 쌍시옷 받침이 들어가는 언사가 요소요소 접두사나 형용사로 난무했다. 본의 아니게 설교를 들을 만치 듣고 슬그머니 일어서 나오며 그자의 술값까지 계산했다.

"고맙수."

다분히 건방지게 고개만 끄덕이며 이죽거렸다. 마치 잘못한 사람 용서하는 것처럼, 큰 선심이나 쓰는 것처럼 당당하게. 인사는 해야 되겠기에 다시 들어가 귓속말로 한마디 했다.

"너, 죽을래? 아직 정신 못 차렸어? 두세 바퀴 더 돌고 싶냐?"

그가 반응을 보일 틈도 없이 나왔다. 발길을 독촉해 일부러 빙 돌아 집으로 왔다. 에이, 어제 마신 소주는 진짜 쇠주였다. 역한 알코올 냄새와 더불어 불결한 안주를 곁들인 불쾌한 느낌! 사는 게 이렇다.

인연은 이렇게도 저렇게도 반드시 조우한다. 오늘 저녁에는 집에 가서 아내가 준비해주는 안주랑 맥주 한 잔 해야겠다. 인연 잘 만드시길!

가족도 외면하는 죽음

형사반장으로 근무하던 시절!

어느 시장의 허름한 판잣집에서 변사 사건이 발생했다. 70세가 훨씬 넘은 노모와 50대에 접어든 아들이 한 집에서 살고 있었는데 아들이 사망한 것이다. 직원들과 현장에 도착해 서둘러 집 안으로 들어서자 악취와 함께 방 안에 가득 찬 가스 때문에 눈을 뜰 수가 없었다. 아들의 시신은 이미 부패가 상당히 진행되고 있었다. 사체를 검시하기 위해 다가서자 치매에 걸린 노모가 갑자기 나타나 내 뺨을 후려친다.

"우리 아들 아파서 자고 있는데 들어와서 깨우는 너는 뭐냐?"

심한 욕설을 퍼부으며 달려드는 노모를 겨우 제지하고 검시를 했다. 타살 흔적을 육안으로 확인할 수 없었지만 젊은 나이의 사망이기 때문에 부검이나 탐문 등 정밀수사가 필요했다. 아들을 덮고 있던 이불을 걷어낸 나는 아연실색했다. 아들의 온몸에 솜과 야채조각이 널려 있었던 것이다. 노모는 아들의 온몸에 듬성듬성 썬 야채를 촘촘하게 붙이고 그 위로는 하얀 솜을 깔고서 비닐로 조각조각 감싸두었다. 게다가 여름임에도 연탄불 아궁이에 불을 지펴서 발바닥이 뜨거울 정도로 불을 땐 탓에 사체의 부패 상태는 매우 급속히 진행되고 있었다.

노모는 아픈 아들을 위해 그런 처방을 했고, 아들이 조금 있으면 다 나아서 일어날 것이니 우리더러 나가라고 난리를 쳤다. 구토를 하면서 검시를 마친 나는 주변인을 상대로 탐문수사를 했다. 이웃 주민들은 두 사람이 한 집에서 산 지는 오래 되었고 다른 가족들이 서울에 살고 있으나 무슨 이유에서인지 자주 오지 않는다고 했다. 게다가 노모는 같이 사는 아들이 결혼도 하지 않고 늘 술을 마시는 것을 걱정했다고 한다. 그래도 두 사람은 서로를 보살피며 잘 살고 있었고, 저녁이면 둘이서 도란도란 대화를 하는 소리가 들리곤 했는데 어느 날 노모가 치매를 앓으면서부터 대화보다는 다투는 소리가 많아졌다고 한다.

서울에 산다는 자식들과 연락이 닿은 직원의 말에 따르면, 가족임을 인정하면서도 "사정에 의해 발을 끊은 지 오래여서 남이나 다름없다. 국가에서 처리하는 시스템대로 해주면 안 되느냐?"는 식으로 딴소리를 하더란다. 한 이웃 주민은 아들이 저녁 귀갓길에는 반드시 소주 두세 병을 비닐봉지에 싸 들고 왔다고 하며 노모는 아들이 집에 들어온 다음에야 인기척을 냈다고 한다.

결국 두 사람이 같이 살고 있었다는 것은 확인되었다. 아들은 결혼을 하지 않았고, 노모가 치매에 걸리자 노모를 돌보며 매일같이 술을 마신 것이 분명했다. 한편 노모는 아들이 누운 채 사망한 것을 아픈 것으로 오해해 채소 등을 온몸에 붙이고는 춥지 말라며 아궁이에 불을 지펴 방을 절절 끓게 한 것이다.

이후 노모와 따로 살고 있는 다른 자식들을 겨우 설득해 현장으로 오게 했다. 현장 즉, 노모의 집에서 사망한 사람이 형제가 맞는지 확인을 해야 했기 때문이다. 자식들은 집에 가는 것을 불편하게 생각하는 게 역력했지만 나는 사실 그들이 미워서 끝까지 동행했다. 결국 그들은 집으로 진입하는 것을 끝내 거부했다. 입구에서부터 스며나오는 악취에 몇 번의 구역질을 하고는 "우리 집이 맞으며 방에 있는 시체는 동생이 맞을 것이다"라고 말하고는 바로 뛰쳐나가 버렸다. 집을 청소하고 치운 사람은 결국 형사들이었다. 청소하며 입었던 옷들은 모두 버려야 했다. 옷에 악취가 스며들어 도저히 입을 수 없는 지경에 이르렀기 때문이다.

요즘은 장례식장을 운영하는 사람들의 협조를 받아 사체 처리를 하지만 당시만 해도 형사들이 처음부터 끝까지 도맡았었다. 아들의 부검 결과, 알코올 중독에 의한 간경화로 사망한 것으로 밝혀졌고 사건은 종결되었지만, 남은 자식들이 치매에 걸린 노모를 끝내 데려가지 않는 바람에 시설에 의뢰하는 마음이 너무 서글펐다. 병든 노모는 왜 자식들이 거부하는 사람이 되었으며, 한 뱃속에서 나온 형제의 살

썩는 냄새에 구토를 하고 마지막 얼굴을 보기 싫어했던 이유는 무엇이었을까?

형사들이 달려가는 현장에는 언제나 죽음의 그림자가 드리워져 있다. 그리고 그 속에서 삶의 다양한 모습들을 보게 된다. 우리는 어떤 죽음을 택하기 위해서 오늘도 길을 나설까?

아름다운 이별이 아쉬운 세상

아내가 술집에 다닌다는 이유로 이혼을 신청하고 위자료까지 청구해서 몇 천만 원을 받은 남성이 있었다. 그의 아내는 결혼 후 남편의 벌이가 시원치 않자 아르바이트를 해서 가사를 꾸렸다고 한다. 두 아이가 태어나 경제적으로 많이 쪼들리는 환경에서도 평소 많이 배우지 못한 한이 있던 여성은 남편에게 대학을 다니도록 권유했고 그 덕분에 남편은 대학을 졸업할 수 있었다. 그런데 아내가 다니던 직장은 술집이었고 남편은 6년간 그 사실을 몰랐다고 한다. 물론 그 점을 나는 이해할 수가 없다. 과연 남편이 몰랐을까?

여하간 남편이 이혼을 신청한 이유는 술집에 나간 아내가 다른 남자와 외도를 저질렀기 때문이라고 하며 법원은 남자의 손을 들어주었다.

아내가 술집에 나갔다는 그 이유만으로 남편의 손을 들어준 것은 아니다. 그 사유는 외도였다. 법원의 판결에 토를 달고 싶은 마음은 없지만 또 남편의 행동에 비난을 할 수는 없지만 아쉬움은 남는다.

가장으로서의 의무를 충실히 했는지도 돌아보아야 하고, 어찌 되었든 자신과 아이들을 위해서 술집이라는 공간에서 돈을 벌어온 아내의 입장을 한 번이라도 생각해봤을까? 외도로 인한 배신도 충분히 이해되고 용서가 쉽지 않다는 점도 알지만, 위자료까지 청구했어야 할까?

사람은 헤어질 때도 뒤끝이 좋아야 한다. 한때 사랑해서 죽고 못살던 사이였는데 다른 여건 혹은 배신 때문에 끝을 내고자 해도 한 번쯤은 생각해보는 주저함도 필요하지 않을까? 헤어지더라도, 그 이유가 밉다고 해도, 예전의 수많은 기억 중 좋았던 한두 가지 정도는 떠올려보면 어떨까? 아무리 아름다운 이별이 없다지만 그렇게라도 하면 그나마 서로에게 덜 아픈 이별은 되지 않을까?

그 여인을 비호하거나 남편을 비난할 생각도 전혀 없고 그럴 이유도 없지만 한 마디 해본다. 나 역시 남의 일이라고 너무 쉽게 말하고 있는 것일까? 많이 살아야 한 백 년도 못사는 인간이 너무 꽉 조이면서 사는 게 아닐까 싶다.

유감

요즘은 그저 SNS로 올리면 진실이 되어버리고, 거기에 언급된 사람은 지탄의 목표물이 되어버린다. 담배를 피운다고 지적하는 유모차 여성을 폭행한 남자 사건에서 비난의 대상은 경찰이 되어버렸다. 정작 비난의 대상이 될 남성에게는 별 말이 없고 그 사건을 쌍피의사건으로 처리해 본서로 이송한 파출소 경찰관들이 죽일 놈이 되어버렸다. 과연 파출소 경찰관이 현장에서 싹둑 정리해서 '아, 정당방위군' 하면서 남성만 입건했어야 했을까? 애초부터 가능성이 없는 요구다.

파출소 경찰관은 제일 먼저 현장에 나가서 범행을 제지하고 용의자들을 임의동행하거나 긴급체포해서 간단한 조사를 하고 본서 형사계로 인계한다. 파출소에서 두 사람이 서로 맞았다고 주장을 하면 정당방위 여부를 따지기도 힘들다. 최초 시작된 사건의 원인은 명백히 남성이 잘못했고 남성이 먼저 뺨을 때렸다고 해도 대응과정에서 서로 상대에게 물리력을 사용했다면 일단은 쌍피의사건으로 본다.

한눈에 봐도 명백히 정당방위가 인정되는 사안이 아니라면 파출소에서 판단을 내리지 못하며, 그렇게 하지도 못하게 하고 있다. 서로 상대성이 있는 사건을 함부로 결정하기 어렵고 예단은 금물이기 때문이다. 이번 사건도 만일 그 남성만 입건조치 했다면 그 남성이 가만히 있지 않았을 것이다.

파출소와 경찰서 형사계의 일을 별개로 보는 오류에서 여론이 악화된 측면이 있다. 파출소에서 형사계로 인계된 후 수사경찰인 형사가 양쪽의 진술을 듣고 CCTV 등 증거자료를 확인 후 정당방위라면 당연히 무혐의 처리를 하는 것이다.

그런데 조사가 진행되기 전 남성이 처벌을 원치 않는다고 했고 그렇다면 단순폭행으로 반의사불벌의 기준에 따라 그 남성이 여성을 폭행한 부분만 기소의견으로 송치하는 것이다. 여성이 남성을 같이 폭행했는지 그것이 정당방위인지 따질 필요도 없는 것이다.

이런 일련의 경찰수사의 시스템을 모르고 파출소에서 경찰서로 인계한 것을 가지고 정당방위 판단을 하지 않았다고 비난하는 것은 지나치다. 그 남성이 잘못했고 비난의 소지가 많은 건 사실이지만 그래서 폭행으로, 기소의견으로 송치하겠지만 최초 현장에서 수사경찰도 아닌 파출소 경찰관이 정당방위 해석을 하지 않았다고 비난하는 건 진짜

무리한 요구다. 혐의 유무를 최종적으로 판단하는 것은 적어도 경찰조직에서는 수사경찰의 몫이란 점을 이해하지 못한 탓이다.

더불어 내가 짜증을 내는 이유는 경찰청의 무관심 때문이다. 아닌 건 아니라고 적극 의견을 개진해야 하는 게 도리가 아니겠는가? 비난을 받을 일은 비난받아야 마땅하고 행위자는 징계나 처벌을 받는 것이 맞지만 책임지지 않을 일로 비난받는 것도 명백히 잘못된 것이다.

방송에서 이런 부분을 설명하면서 무력감을 느낀다. 아마도 나에게 또 비난이 집중되겠지만 죽어도 아닌 것은 아니고 옳은 것은 옳은 것이다. 힘든 하루가 또 시작될 것이다.

부질없는 계급장만 남기고 떠난 이

얼마 전 경찰 동기 하나가 하늘나라로 갔다. 오로지 진급에 목을 매고 다른 부분에는 신경 쓰지 않았던 친구다. 그렇지만 계급이 깡패인 경찰조직에서는 누구도 그를 비난할 수는 없었다.

그는 동기들보다 늘 앞서가서 항상 상급자이기도 했다. 동기라 해도 계급 사회에서는 격차가 좀 벌어지면 함부로 대하지 못하는 것이 현실이라 동기들은 그를 늘 멀리했다. 그 역시 계급 논리에 매몰되어 동기를 부하직원 정도로 생각했다. 동기모임에도 한두 번 빠지기 시작하더니 아예 불참 쪽으로 정해버렸다. 욕을 하던 동기들도 그가 동기라는 사실을 잊기 시작하던 때, 그는 불치의 병이 들었다. 하루하루 죽어가는 그에게는 가족 외에는 남아 있는 사람이 없었다. 사회에서 동기들은 친형제나 다름없다. 형제가 머물지 않는 그에게 누군들 남아 있으랴. 그에게 총경이란 계급은 경찰서장으로서 인생의 목표였고 앞뒤 가리지 않은 덕분에 결국 그는 혼자였다. 오르는 길목보다 내려오는 길목에 동행하는 사람이 더 필요하다는 사실을 간과한 결과였다. 외로운 하산 길에서 그는 부질없는 무궁화 네 개, 계급장만 남기고 떠났다.

그가 떠나기 전, 문자로 몇 마디 했었다.

"건강 잘 챙겨라."

"바쁘냐? 보고 싶다."

"방송이라고 하다 보니 통 시간이 안 나네."

"그렇겠지, 다들 잘 지내지?"

"그럼, 다들 잘 지내지."

"ㅈㄱ, ㅊㅅ, ㅇㅎ, ㅁㅅ이도 다 잘 지내지?"

"그럼, 별문제 없어."

"그래, 건강 잘 챙기라고 해."

"……"

"야, 이 새끼야, 너 아픈 줄 알지만 한마디 할게. 네가 직접 일일이 전화해, 너 죽을 날 얼마 안 남았잖아."

그날 전화를 끊고 엄청 울었다. 며칠 후 일산 모 병원에서 그렇게 외롭게 살던 동기 놈이 갔다.

"미안하다"라는 단체문자를 보내고.

무속인

문득 포천 여중생 살인 사건 때 현장에 왔던 무속인의 일화가 생각난다. 그 무속인은 논산의 계룡산에 기도를 하러 가는 도중 친척집에 들러 본의 아니게 점사를 보게 되었다고 한다.

"선생님, 제가 이사를 왔는데 이미 그 집에 장롱이 하나 있어서 집주인에게 치우고 싶다고 말했더니 그냥 쓰라고 해서 난감해요."

그녀가 영을 통해 집주인을 그려보니 억지를 부리는 집주인의 얼굴이 희미하게 나타나더란다.

"키가 작고 얼굴이 독살스럽게 생겼지? 집주인? 그 장롱 안 좋으니 당장 치워달라고 해."

시원하게 점사를 마치고 잠깐 쉬고 있는데 누군가 씩씩거리며 달려

와서 문을 박차고 들어섰는데, 아뿔싸, 그분은 다름 아닌 자신의 이모였단다.

"야, 이 잡것아, 돈 벌라고 손님 보내주었더니 당장 장롱 치워달라고 우기라 했다면서? 그 장롱 치우려면 돈이 드는데 왜 그런 걸 시키고 지랄이여? 지랄이."

"그 집주인이 이모였어?"

또 다른 그녀의 일화가 있다. 다른 아주머니가 왔다.

"제가요, 하우스를 하는데 잘 되겠어요?"

"아, 그래요, 그러면 경찰을 끼고 하시나?"

"하우스도 경찰을 끼고 해야 되나요? 금시초문이네."

알고 보니 그 아주머니는 고구마 하우스를 하는 분이었다. 무속인 그녀는 하우스 방, 도박판을 운영하며 걱정되어 온 손님인 걸로 착각한 것이고. 그 이야기를 하면서 어이가 없다는 듯 웃었다.

요즘 신내림이니 무병이니 무속세계의 일들이 종종 등장해 문득 생각나는 무속인 이야기를 해보았다. 사건이 하도 안 풀려 그녀와 사건현장도 가보고 피해자 아버지 불러다가 빙의된 그녀의 목소리도 들어보았고 그녀 뒤를 따라 사건현장 주변 산속을 밤새 헤매기도 했었다. 그땐 지푸라기라도 잡는 심정으로 무슨 일이든 한 것 같다. 그래도 잡지 못했고, 난 여전히 실패한 형사로 남아 있다. 그렇지만 죽는 날까지 절대로 포기하지는 않을 것이다.

아이는 부모의 소유물이 아니다

충북 청주의 한 아파트에서 일가족 네 명이 수면유도제를 복용하고 질소가스를 틀어 동반자살을 했다. 40대 부부는 주유소를 두 개나 운영하면서 비교적 윤택한 삶을 누리던 사람들이었다. 그러나 최근 주유소 영업이 미진하고 적자가 지속되자 그것을 만회하고자 아는 지인이 소개한 사업에 수십억을 투자했다고 한다. 그 과정에서 친지, 지인들의 돈을 끌어다 썼는데 투자한 사업이 실패로 끝나고 투자원금마저 날리자 동반자살을 택한 것이다. 그들에게는 15세의 여중생, 12세의 초등학생 딸이 있었고 그들도 동반자살로 생을 마감했다.

현장에서는 부부의 유서와 안타깝게도 15세 딸의 유서도 발견되었다. 친구들에게 고맙다는 말과 무엇인지 아쉽다는 유서를 남긴 것으로 보아 적어도 큰 딸은 자살에 동의한 것으로 보여 너무 가슴이 아프다. 그 어린 아이가 죽음을 결심할 정도의 고통이 있었을까? 더구나 12세의 딸은 자신의 죽음을 전혀 몰랐을 가능성도 있어 보인다.

왜 우리 사회는 부모의 사업실패 등 경제적인 문제가 악화하면 자살을 시도하고 아무것도 모르는 자녀들까지 데리고 동반자살을 하는 경우가 유난히 많을까? 학자들은 자녀와 함께 동반자살을 하는 몇 가지 이유를 든다. 우선, 지나친 가족공동체 문화 구조다. 풀어 설명하면 가족주의의 공고함과 오래전부터 내려오는 유교적인 가족체계가 일정 부분 작용하기 때문이다. 가족은 생과 사를 같이 해야 한다는 의식이 팽배해 있다는 것이다. 다른 하나는, 자식을 부모의 소유로 인식하는 그릇된 관념이다. 이는 우리나라에서만 나타나는 의식으로, 자녀들이 부모의 소유이므로 생명도 거둘 수 있다는 엄청난 오류를 불러일으킨다. 인간은 누구나 태어나는 순간 독립된 인격체로서 신체는 물론 생명에 대해 그 어떤 사람으로부터도 침해당해선 안 된다. 또 다른 영혼이 생성되는 것이다. 그리고 그 영혼을 지우는 것은 명백한 살인범죄를 저지르는 것이다. 자식들의 목숨을 거두는 부모는 비록 처벌할 수는 없어도 확고하게 살인범이다. 인간이 저지르는 범죄 중 가장 극악한 범죄는 살인행위가 아니겠는가?

비교적 풍요로운 삶을 살았던 사람들의 경우, 특히 경제적 몰락을 인정하지 않는 경향이 심하고, 심지어 아무 죄가 없는 어린 영혼의 목숨을 거두는 경우가 많다. 그런 태도야말로 비난받아 마땅하다.

물론 우리 사회의 안전망에 대한 문제점을 지적하지 않을 수는 없다. 재기에 대한 희망이 막혀 있는 사회구조의 한계는 이미 심각한 지경에 이르렀다. 부모의 입장에서 자신들 없이 아이들이 살아갈 세상에 대한 절망감은 충분히 이해할 수는 있다. 그렇다고 해도 자살은 시도해선 안 되며, 어린 자녀들을 동반하는 자살은 더구나 안 된다. 열 번 백 번을 고쳐 생각해도 그것은 명백한 살인행위이며 신의 섭리를 저버리는 죄악이기 때문이다.

더 이상 이런저런 이유들로 가족이 자살하는 모습을 보지 않았으면 좋겠다. 15세 딸이 친구들에게 쓴 유서가 생각난다.

"그동안 고마웠고, 아쉬워!"

사형제와 화형식

요즘은 범죄수법의 잔인함이 도를 넘고 있다. 서울 금천구 한 카센터에서 발생한 휘발유 살인사건이 그 예다. 어떻게 인간이 말다툼 중 상대방의 몸에 휘발유를 뿌리고 라이터 불을 붙여 사람이 타 죽도록 놔두고 셔터를 내려 감금하고서 도망칠 수 있을까.

이건 화형식을 집행한 것이나 마찬가지다. 아무리 철천지원수라고 해도 그런 짓을 할 수는 없다. 가해자는 현주건조물방화치사죄 등으로 최소 무기징역의 처벌을 받겠지만 그것만으로는 너무나 부족하다.

우리나라는 명백히 사형이 존재하는 국가지만 사형집행을 10년 넘게 해오지 않아 사실상 사형이 폐지된 국가로 인정되고 있다. 나는 사형집행을 적극 주장하는 사람은 아니지만 이런 사건이 발생하면 사형의 집행보류가 과연 타당한 건지 회의를 가지기도 한다. 이번의 경우, 사형을 선고하고 집행을 한다 해도 엄청난 고통 속에서 사망한 피해자만큼 될까?

법이란 운용의 미를 기해야 효과가 극대화되는 경향이 있다. 법적 안정성을 위해서 잦은 변경은 절대 안 되지만 이렇게 악랄한 범죄가 다발한다면 효율적인 예방책과 더불어 형 집행의 엄정성도 재고되어야 된다고 생각한다. 고인의 명복을 빈다!

형사

사람이 가장 사람답지 못하여
원죄로 일구어 낸 업적의 현장에
그들은 늘 있었습니다.
그곳이 피비린내 나는 전쟁터건
아수라의 지옥이건…

어둠이 내리면
세상의 모든 것들이 집을 찾아 휴식에 들건만
사랑하는 아내와 하루하루 이별을 하고
인간의 탐욕이 만들어내는 영원한 전쟁터에

나섭니다.

어떤 때는
낯선 자의 날카로운 칼끝에 가슴을 꿰이고
달리는 차에 매달려 삶을 정리하기도 합니다
사람들은 그들의 죽음을 잠시만 기억하다
잊습니다.
없었던 것처럼…

쓴 쇠주 한 잔을 마시고
터덜터덜
새벽달이 이울기도 전에 귀가하는 골목
전신주 그림자가 길게 드리울 때
곤히 자는 아내와 자식의 얼굴을 보면서
때론 알 수 없는 설움이 복받쳐 울기도 합니다.

목숨을 거는 대가가 돈으로 매겨지고
하루 건너 스러져가는 동료들의 부고소식보다도
서글픈 것은
툭툭 던지는 그들 아닌 자들의 혓바닥입니다
이력이 날 때도 되었건만

상처의 언저리로 남아 가장 큰 아픔입니다.

가장 더럽고, 무섭고, 누구나 하기 싫은 일이 있는 곳엔,
언제나처럼 그들이 있습니다.
세상이 그들을 버려도 결코 버림을 말하지 않는 그들을
우리는 '형사'라고 부릅니다.

그들은
거창하게 삶을 포장할 줄도 모르고
천년을 이어지는 진리도 모릅니다.
그냥 '내가 있어 그나마 지금보다 더 나빠지진 않을 것'이란
사실만 압니다.
아니 그리만 알려고 노력합니다.
단순함이 더러는 그들을 다시 일으키는 원동력이기도 하기 때문입니다.

우리는 그들을
어둠을 쫓는 하얀 그림자라고 말합니다.
그들의 이름은
'형사'입니다.

故김창호 경위

얼마 전, 사제 총기에 의한 경찰관 살해 사건이 발생했다. 조잡하지만 나무나 고무줄, 쇠구슬을 이용해 사제총기를 제작하는 방법이 인터넷상에 떠돈 지 이미 오래다. 현직에 있으면서 그 위험성을 인식하고 대비를 해야 한다는 보고서를 제출하기도 했다. 적어도 대한민국에서 총기류는 막아야 한다고 생각했다. 인터넷상에서 총기류, 폭발물 제조법이 유포되는 것도 막고자 했었다.

화성에서 영치된 엽총으로 파출소장을 공격해 살해한 사건 이후 방탄복 지급을 주장했지만, 순찰차량에 방탄복 두 벌을 비치하도록 한 것도 사제 총기 사건 이후였다. 인터넷을 검색하는 전문 인력을 고정 배치해 사전에 차단하는 직무만 수행케 해야 한다고 주장도 했다. 만

약 일상적인 업무로 자리 잡았다면 이번과 같은 사건은 예방했을 것이다. 경찰의 인원이 현저히 부족해 가용인력이 부족한 탓도 있지만 실행의지의 부족을 지적하지 않을 수 없다.

그 결과 54세의 모범경찰관인 김창호 경위가 현장에서 살해되었다. 다행스럽게도 민간인은 죽음을 모면했지만 얼마나 위험한 상황에 노출된 것인가. 이 나라에서 경찰직을 수행하는 것도 쉽지 않다. 태동부터 일제 강점기 순사의 이미지가 덧칠되고 현대사를 거치면서 군사독재 정권의 하수인으로 전락하며 얻은 낙인은 좀처럼 지워지지 않았다. 그게 경찰의 숙명이라면 어쩔 수 없다. 그 숙명을 깨기 위한 지속적인 노력 외에는 다른 방법이 없다.

그건 하루아침에 이루어질 수 없다고 치고, 치안 조건은 정말로 헛웃음이 나오는 게 사실이다. 벌건 대명천지에 광화문 광장에 수도경찰의 대부분이 배치되어 서 있어야 하는 현실은 결국 누구의 손해일까? 세계 최고의 군대인 미군부대를 경찰이 정문에서 지켜주는 지구상의 유일한 국가! 고로 대한민국 경찰은 세계 최고의 경찰이라며 자부심을 가져야 할까?

그의 빈소에 정치인들이 찾아와 머리를 숙일 것이다. 카메라가 나타나는 곳에는 어김없이 정치인들이 등장하니 몇 명은 올 것이다. 고 김창호 경위의 명복을 빈다.

소도둑과 공동묘지

신임 경찰관 시절 한적한 파출소에서 근무하던 때의 일이다. 1983년 당시 시골에서 농사를 짓는 분들에게 최고의 재산은 소였다. 그래서 소를 여러 마리 키우는 집은 동네에서 부자라는 소리를 들었다. 그러니 재산가치가 높은 소는 늘 범죄의 타깃이 되곤 했다.

소라는 동물은 덩치만 크지 사람에게 길들여져서 고삐만 쥐면 꼼짝을 못하는 습성이 있다. 소도둑들은 그런 소의 습성을 잘 아는지라 손쉽게 외양간의 소를 끌고 가곤 했다. 그들은 덩치가 큰 소를 끌고 가서 적당한 장소에서 도축해 고기만 작은 승용차로 실어 도주하는 수법을 이용하고는 했다.

그러던 어느 날 모두들 소도둑 사건만은 없기를 바라며 나름 순찰을 강화하고 있던 때에 올 것이 오고 말았다. 새벽 시간 졸음을 쫓으며 파출소에서 근무하고 있는데 할아버지 한 분이 뛰어 들어오셨다.

"소가 없어졌어. 외양간에 있던 우리 소가 없어졌어."

순간 눈앞이 깜깜해졌다. 자리를 박차고 일어나 오토바이를 타고 피해자의 집으로 내달렸다. 아직 새벽, 동이 트려면 서너 시간은 족히 남은 시간인데다 비까지 부슬부슬 내리고 있었다. 외양간에 도착해서 랜턴을 비추니 사람의 발자국과 소의 발자국이 선명하게 찍혀 있었다. 그 발자국을 따라서 오토바이를 타고 추적을 했다. 끝없이 이어지는 소의 발자국을 따라서 약 2킬로미터 남짓 달리자 냇가에 도착했다. 냇가를 건넌 것이 분명했다.

오토바이에서 내려 랜턴 불빛에 의지한 채 냇가를 건넜다. 역시 냇가 건너편으로 소의 발자국과 도둑의 발자국이 이어졌다. 분명히 범인은 이 길을 따라 소를 끌고 갔고 조만간 발자국이 멈추는 곳에서 나는 절도범을 검거할 것이라고 생각했다.

야트막한 산으로 이어지던 발자국이 잔디밭으로 진입하며 희미해져 가기 시작했다. 잔디밭은 족적이 남기 어려운데 겨우 흔적이 이어져 있었다. 모든 신경이 아주 희미하게 찍힌 발자국에 모아졌다. 순간 불안해지기 시작했다. 혹시라도 여기서 발자국이 멈추면 모든 게 도로아미타불이니까. 불안한 느낌은 여지없이 맞아떨어졌다. 어느 순간 더 이상 발자국을 발견할 수 없었다. 허탈했다.

비로소 바짝 굽혔던 허리를 펴고 주위를 둘러보기 위해 랜턴을 사방으로 비춘 나는 기절할 뻔했다. 주위는 온통 묘지였다. 나는 공동묘지 한가운데 서 있었다. 여기를 비추어도 묘지, 저기를 비추어도 묘지! 끝도 없이 이어지는 묘지의 연속! 갑자기 온몸에 한기가 느껴지며 끝없는 공포가 밀려왔다. 바로 돌아서서 내달리기를 무려 10여 분, 수도 없이 넘어지고 엎어지며 겨우 냇가를 건너서 오토바이 시동을 켜는데 오토바이마저 왜 그리 속을 썩이던지.

땀을 비 오듯 흘리면서 파출소에 도착하니 몰골이 말이 아니었다. 모자는 공동묘지에 떨어뜨리고(나중에 알았지만 되돌아가서 다시 주워 올 용기가 없었다.) 바지는 여기저기 찢겨서 너덜거리고 얼굴은 땀으로 범벅이 되고 눈에는 공포가 가득했다.

다음 날, 동이 트고 동료들이 공동묘지까지 안내를 요청했으나 나는 가지 않고 지리교시만 해주었고 결국 내 모자도 동료들이 찾아다 주었다.

나중에 소 절도범을 잡았으나 역시 소는 그 공동묘지 한편에서 이미 도축을 했다고 한다. 그때 조금만 용기와 담력이 있었다면 그 절도범을 잡고 혹시 소도 살릴 수 있지 않았을까? 신임 경찰관 시절의 공동묘지 체험은 평생 잊지 못할 악몽을 선사했다. 지금도 여전히 그때의 공포스러운 상황을 떠올리면 온몸에 소름이 돋곤 한다. 그렇게 경찰관 한 사람 한 사람은 성장해 나아가는 것이다.

월미도의 두 친구

1997년도 12월경, 대구교도소에서는 전직 김 모 순경의 사형이 집행되었다. 그는 서울의 모 파출소에서 순경으로 재직하던 중, 몰래 실탄과 권총을 들고 나와 자신의 집 앞에 살고 있던 가족 네 명을 사살한 살인자였다. 신문에는 이웃 간 주차시비가 살인을 불렀다고 대서특필이 되었다. 우범곤 순경의 의령 총기 살인사건 이후 가장 큰 경찰관 범죄였다.

그날 형사계장과 우리 반 직원들은 어렵사리 큰 강도사건을 해결하고 시내의 음식점에서 보신탕을 안주 삼아 소주를 마시고 있었다. 본래 수사를 하는 직원들은 보신탕을 즐겨하지 않으나 그날은 장기간에 걸친 수사에 지치고 몸 상태가 허해진 직원들을 위해 형사계장이 반강

제적으로 보신탕과 술을 권하고 있었다. 적정히 술이 올라 얼굴이 붉게 상기되기 시작할 무렵, 허리춤에 찬 삐삐가 울리기 시작했다. 경찰서 상황실, 긴급 사태 발령이었다. 무장공비가 들어와 관내에서 민간인 네 명을 사살하고 서울 쪽으로 도주했으니 즉시 현장으로 출동하라는 내용이었다.

누가 먼저랄 것도 없이 택시를 잡아타고 도착한 현장은 가관이었다. 여기저기 핏자국이며 총을 맞고 쓰러져 엎어져 있는 남자, 눈을 부릅뜨고 허공을 향해 허우적거리다가 사망한 여자, 현장은 아비규환 상태로 피 냄새가 진동하고 있었다. 사체를 검시해 총상에 의한 사망임을 확인하는 절차를 끝내고 앰뷸런스가 사체를 싣고 떠나자 여기저기서 사람들이 하나둘씩 모습을 보이기 시작했다. 그때까지도 분명히 무장공비의 총기 난사사건이었다.

무장을 한 전투경찰 5분대기조가 출동하고 구경을 나온 사람들, 앰뷸런스, 모든 것이 순간적으로 얽히고설켜 아수라장으로 변할 때쯤, 권총을 차고 현장에 나온 서장이 나를 불렀다.

"이건 무장공비의 소행이 아니고 경찰서에 근무하는 김○○ 순경이 저지른 것이다. 정확한 이유는 모르겠으나 주차시비라는 말도 있다. 그런 것은 중요치 않고 현재 서울 방향으로 도주했으며 총기를 소지하고 있으니 무슨 일이 있어도 속히 검거해야 한다. 지금 즉시 직원들을 데리고 추적해라."

그는 추가 질문마저 거절한 채 일방적인 지시만 하고 있었다. 얼굴은 거의 사색이 된 상태였다. 직원들과 무작정 그가 도주했다는 방향으로 달리다가 문득 서장이 허리에 차고 있던 권총이 생각났고 우리들은 아무도 권총을 소지하지 않았음을 깨달았다. 권총도 없이 권총을 소지한 범인을 잡겠다고 뛰고 있다니 참으로 어이가 없었다. 다시 되돌아가 서장이 차고 있던 권총을 빌렸다.

사건 발생 시간과 우리가 현재 권총을 수령한 시간의 차이는 이미 30분을 넘었고, 그렇다면 범인은 관내를 충분히 벗어나고도 남았다고 생각했다. 막연히 현장에서부터 서울 방향으로 달리면서 주변을 두리번거리는 일 외에 우리들이 할 일은 없었다. 이미 저녁 시간이 지나 서서히 주변에 어둠이 깔리면서 사물들이 흐릿해지기 시작했으며 예상대로 우리는 아무것도 발견하지 못했다. 도시 전체에 무장한 경찰관들이 깔리고 불안감을 느낀 시민들의 발길이 뜸해지고, 사건과 무관한 개들만 골목길에서 제 세상을 만난 듯 이리저리 뛰어다니고 있었다.

우리들은 유일하게 살아남은 피해자 가족 중 어머니를 상대로 당시 상황을 듣고자 했으나 거의 실성한 상태의 어머니에게서 어떤 말도 듣지 못해 애만 태우며 시간을 보내고 있었다. 게다가 밀려드는 기자들의 질문공세와 육탄 돌진에 밀려나 현장 언저리에서 공연히 담배만 빨아대고 있을 수밖에 없는 그런 시간이 족히 3~4시간 흘렀다. 이윽고 다시 연락이 왔다.

"지금 즉시 서울 ○○ 경찰서로 가라. 도착하면 다시 지시를 하겠다. 아무에게도 말하지 마라."

가뜩이나 혼미하고 헝클어진 머리가 제 기능을 발휘할 수 없도록 상황은 진전되고 있었다.

"무작정 ○○경찰서로 가라니. 도착할 때쯤 다시 지시한다고?"

택시를 잡아타고 한달음에 그곳에 도착하니 우리가 그곳에 가는 것은 이미 비밀이 아니었다. 수많은 기자들과 카메라가 뒤엉켜 경찰서는 말 그대로 난장판이었다. 도착 보고를 하자 "이미 김 ○○ 순경이 검거되어 있으니 그의 신병을 인수하되, 데리고 나오다보면 보도진이나 기타 사유로 도저히 조사가 불가능할 것이다. 그러니 어떤 방법을 동원하건 보도진을 따돌리고 김 순경을 호송하라"는 것이었다. 인수를 위해 현장에 도착하니 경찰청장 등 대한민국의 경찰 고위층 인사가 모두 모여 있었고, 검거한 관서는 자랑스럽게 검거과정을 브리핑하고 있었다.

브리핑이 끝나면 우리는 김 순경을 데리고 우리 경찰서로 돌아가야 하고 그때부터 조사는 본격적으로 시작되는 것이었다. 문제는 김 순경을 인수해 우리 경찰서로 호송해야 하는데 기자들과 사람들 때문에 도저히 엄두가 나지 않았다는 것이다. 직원들과 잠시 협의를 했다. 방법은 우리 경찰서쪽에 미리 전화해 도립병원의 입원실을 한 개 확보하고 그곳으로 김 순경을 데리고 가서 조사하는 것이었다. 상부에 보고해 동의를 받고, 직원 한 명을 들 것에 눕혀 머리 위까지 이불을 뒤집어씌우고 앰뷸런스로 이동해 1차 호송을 실시하자 모든 기자들이 의정부까지 뒤따르며 실시간 중계를 하기 시작했다.

인파가 어느 정도 사라지고 나자 나와 직원 몇 명이 조용히 김 순경을 승용차에 태워 의정부 도립병원으로 출발했다. 달리는 차 안에서 어느 누구도 말을 꺼내거나 말을 건네지 않았다. 무거운 긴장과 침묵이 차 속을 가득 채우고 뭔지 모를 불안감이 팽팽하게 흐르고 있었다.

도립병원의 입원실은 여기저기 페인트가 까지고 20여 년은 족히 되었음직한 철제 침대가 있는 1인실이었다. 조사를 위해 급하게 들여온 책상을 앞에 두고 김 순경과 나는 마주 앉았다. 그가 차고 있던 수갑을 풀어 주었다. 그리고 담배를 한 대 권했다. 그는 적개심을 가진 얼굴로 담배를 거절했다. 하얀 얼굴은 더욱 창백해 보였고, 그다지 크지 않은 덩치가 가냘프게 떨고 있는 것을 느낄 수 있었다. 하기야 사람을 네 명이나 사살한 사람의 흉중이 어떤 상태였겠는가.

말문을 트기까지 가장 힘든 작업이 진행된다. 일단 조사자와 피조사자가 상호간에 적정한 신뢰가 형성되지 않으면 사안의 진실은 밝혀지지 않는 법이다. 먼저 내 이야기를 했다. 언제 결혼을 했고 어디에서 살고 있으며 가족 관계는 이렇다. 그리고 경찰에 대한 내 소신은 이런 것이다. 나도 그동안 수없이 이 직업을 떠나고자 사표를 내곤 했다. 사람이 아무리 몹쓸 짓을 해도 나름대로 다 이유가 있더라 등등. 본질과는 거리가 먼 이야기들을 하며 김 순경과 두 시간여 동안 큰의미 없이 떠들었다. 자연스럽게 서로 담배를 권하고 피우고 물도 마시면서 두 시간가량 흐르자 어렴풋이 뭔가가 떠오르기 시작했다. 이 사건을 풀어갈 첫 질문을 시작할 수 있는 대상을 선택했다. 그 대상은 김 순경을 검거한 김 순경의 가장 가까운 친구이자 경찰동기인 박 순경이었다. 그런데 김 순경은 자신을 검거한 박 순경에게 무척이나 분노하고 있었다.

박 순경과 김 순경은 사회에서부터 친한 친구 사이였고, 같이 경찰관 시험을 보고, 경찰에 입문해 불과 한 달 전까지도 같은 부서에서 근무했던 절친한 관계였다. 그래서 김 순경이 일을 저지르고 제일 먼저 달려간 곳도 친구인 박 순경이 근무하던 곳이었다. 박 순경의 진술에 따르면 김 순경이 자신을 불러내 근처 포장마차에서 소주를 나누어 마셨고, 돈 2만 원을 빌려갔다고 했다. 김 순경이 그 자리에서 사람을 죽인 일을 말하진 않았지만, 뭔가 기분이 나쁘거나 일을 저질러 쫓기고 고민한다는 정도로만 눈치를 챘다고 했다.

박 순경은 김 순경과 포장마차에서 술을 마시고 헤어져 사무실로 들어와 뉴스를 통해 김 순경이 사람을 죽인 사실을 알게 되었다고 했다. 그 즉시 보고를 하고 자신과 헤어진 후 바람을 쐬러 간다는 김 순경이 자신과 함께 자주 들렀던 인천 월미도로 향했을 것이라 판단해 2명의 인원을 지원받아 월미도로 향했다고 한다. 그리고 자살을 위해 2발의 실탄을 점검하고, 어머니에게 이승에서의 마지막 작별 인사를 마친 채 벤치에 앉아 있는 김 순경을 검거한 것이다.

박 순경이 작성한 검거보고서에는 김 순경이 총기를 들고 저항해 격투 끝에 검거한 것으로 되어 있었다. 우리도 그렇게 알고 조사를 시작했으나, 김 순경은 사실이 아니라고 주장했다. 무엇보다 자신의 친구인 박 순경이 자신이 자살할 수 있도록 시간을 주지 않은 것에 대해 무척이나 배신감을 느끼고 있는 것 같았다. 격투 끝에 검거되었다는 보고서 내용을 보고 더욱더 분노했고 김 순경은 검거 과정에 대해 아래와 같이 말했다.

"전, 어머니에게 용서를 빌었어요. 그리고 행복하게 사시라고 했어요. 눈물이 나서 견딜 수가 없었어요. 그때 제겐 자살을 하려고 남겨둔 2발의 실탄이 있었어요. 월미도는 박 순경과 제가 기분 나쁜 일이 있거나 속상하는 일이 있으면 가던 곳이었어요. 벤치에 앉아 이제 자살을 해야겠다고 생각하고 있는데 갑자기 앞에 박 순경이 나타난 거예요. 저도 많이 놀랐죠. 어, 박 순경, 하고 일어서는 순간 갑자기 등 뒤에서 몇 사람이 마구 때리고 자빠뜨린 후 손에 수갑을 채웠어요. 순식간에 그렇게 잡혀버린 것이지요. 박 순경이 데리고 온 직원들이라고 하더군요. 저는 격투를 한 적이 없어요. 내가 박 순경이었다면 자살할 시간을 주었을 것 같은데 박 순경은 특진하고 싶었던 것 같아요."

김 순경은 자신이 사람을 살해한 부분은 차치하고 그래도 절친한 친구이며 동료였던 박 순경이 자신을 체포한 것에 대해 나쁜 감정이 깊게 배어 있었다. 차후에 확인한 바에 의하면, 박 순경은 특진하지 못했다. 내가 박 순경을 어떻게 생각했었는지 지금은 어떤 생각을 하고 있는지는 밝히고 싶지 않다. 박 순경이나 동료들에 대한 원망을 하기에 김 순경은 너무나 큰 범죄를 저지른 사람이기 때문이다. 다만 왠지 모를 씁쓸한 기분이 들었던 것은 사실이다. 내가 박 순경이었다면 김 순경이 자살을 하도록 시간을 주었을까?

동료를 보내고

과연 그 방법밖에 없었을까? 오래전 1년 여를 ○○경찰서 강력반에서 나와 같이 근무하고, ○○경찰서 강력반으로 전근갔던 ○○○ 경사는 내가 ○○경찰서 형사과로 발령나면서 해후한 친구다. 모질긴 인연이었다. 나와는.

처음 여중생 살인사건 수사본부에 발령을 받고 가니 제일 먼저 ○○○ 경사가 나를 맞이해주었다. 수사본부에서 그동안 수사한 상황을 살펴보니 많이 고생했다는 것을 알 수 있었다. 마침 그 친구가 여학생 살인사건 담당형사였다. 처음 여중생이 실종되었을 때부터 사체로 발견된 후까지 그 친구는 인근을 다 뒤지고 다녔었다. 수염도 깎지 않았고 이발도 하지 않아 마치 히피족을 연상케 했다. 그날 나는 그에게 말했다.

"차분히 정리를 해보고 오늘은 일단 귀가해서 이발도 좀 하고 목욕탕에도 좀 다녀와라. 그리고 아들이 고3이니 짬짬이 연락도 취하고 용기도 북돋아주고."

그는 마치 그 사건이 자신 때문에 일어난 것처럼 괴로워하고 있었다. 해결이 쉽지 않다는 것을 알면서도 늘 검거하지 못하는 자신을 부끄러워하는 눈치였다. 수사본부는 1년을 지나고 있었다. 여중생 수사본부 요원들은 오로지 그 사건 수사에 매달려 살아야 했다. 그는 그동안 적지 않게 하중을 받았던 모양이었다. 엄청난 강박관념과 스트레스 속에서(아니 수사본부 형사들의 말을 빌리면 이제는 머리가 텅 빈 공황상태가 왔다고들 한다) 그는 고민을 하다가 결국 자살을 선택한 모양이다.

정말 나쁜 놈이다. 살아 있다면 때려주고 싶다. 영안실에서 고3 아들과 중2 딸아이를 보면서, 또 망연자실 울음조차 잊은 그의 아내를 보면서 나는 그놈을 얼마나 욕했는지 모른다. 자신만 편하면 그만인가. 자기는 그렇게 가면 끝이지만 남은 사람들은 어떻게 한단 말인가. 그놈은 유서를 길게 썼다. "살인범을 조기에 잡지 못한다는 자책감 등 모두 각설하고, 이제는 좀 쉬고 싶다"고 썼다.

그것이 더 가슴이 아프다. 쉰다고? 저승에 가서? 경찰관은 전생의 업에 의해 어쩔 수 없이 하는 것이다. 전생에 죄를 지은 사람들이 이승에 와서 그 빚을 갚으려고 경찰을 한다고 누군가가 말한 적이 있다. 영욕의 역사와 더불어 경찰에 대한 국민들의 부정적인 이미지가 팽배하고 오늘날 동네북이 되어버린 공권력의 상징이지만, 나는 그렇게 생각하지 않으려고 무진 애를 썼다.

"누가 뭐래도 경찰관은 죽으면 모두 천국에 갈 것이다. 남들이 하기 싫은 것, 더러운 것, 보기 싫은 것, 사람으로서 못할 짓을 우리가 하기 때문이다. 경찰은 다 썩은 시체를 만지는 영안실 염장이도 되고, 타인이 위험할 때 목숨을 걸고 구하지 않으면 역적도 된다. 그래서 자의건 타의건 우리는 남을 위해 무한정 봉사하는 사람들이다."

의기소침해하는 직원들에게 늘 이렇게 말했다. 그런데 오늘은 그 말마저도 부하 직원들에게 하지 못하겠다. 내가 무슨 염치로 또 그런 말을 지껄인다는 말인가.

내일은 그놈을 산에다 갖다 묻어야 한다. 흙으로 되돌려 보내야 한다. 본인은 화장을 해 한 줌의 재로 훨훨 날려 보내달라고 했는데, 여행을 못해보고 살았으니 마음껏 날아다니고 싶다고 했는데, 결정은 가족들이 할 것 같다.

울적한 날이다. 가슴이 미어지는 날이다. 경찰관 생활을 너무 오래 했나 보다. 부하 직원을 둘이나, 그것도 자살로 먼저 보냈다. 내일 경사 장례를 끝내면 어딘가 쏘다니다 와야겠다.

도둑세계의 전설

이제 막 신혼여행에서 돌아온 부부가 있었다. 장길(처갓집 안방에서 하룻밤 자고 오는 일)을 마치고 그들만의 안식처로 돌아온 두 사람은 너무나 황당했다. 신혼부부의 집인 것을 알고 패물이 많을 것으로 생각했을까? 도둑놈이 방문해 장롱이며 서랍을 뒤져 온통 난장판을 만들어놓고 쓸 만한 물건을 모두 챙겨간 것이다. 더욱 가관인 것은 방 한쪽에 냄새나는 그것 한 덩어리를 선물하고 유유히 사라진 것이다.

부부는 코를 틀어막고 쓰린 속을 달래며 즉시 관내 파출소에 도난신고를 했다. 파출소에서 근무하던 젊은 순경이 신고를 받고 출동해 서랍장에 지문이 있는지, 발자국이 있는지 면밀히 살펴보았으나 아무것도 발견할 수 없었다. 다만 방 안에는 냄새나는 그것만이 덩그러니 또

아리를 틀고 있었다.

순경은 경찰학교에서 배운 대로 범인의 혈액형을 파악할 수 있는 그것의 몇 점을 비닐봉지에 담아 소중히 챙기고 파출소로 돌아와 환한 불빛에서 요모조모 살펴보았으나, 단지 냄새가 나는 그것일 뿐이었다. 게다가 자신이 조석으로 보는 것과 별반 차이 없는 것 같았으며, 심지어는 여자가 실례한 것인지 남자가 실례한 것인지도 구분하기가 애매해 보고서에는 '일체불상'이라고 기재했다.

그 사건이 난 후 약 한 달간의 시간이 흐른 어느 날, 피해자인 신혼부부 남편이 허름한 운동복을 입고 술 냄새가 진동하는 30대 중반 남자의 멱살을 잡고 파출소로 들어왔다. 사연인즉, 이 남자가 한 달 전에 자신이 도난당한 운동복을 입고 있으니 조사해달라는 것이었다. 순경이 그 남자에게 물었다.

"이 운동복은 어디서 난 것입니까?"

"우연히 뚝방길에서 주운 것입니다."

이것저것 아무리 질문해보아도 직접적인 증거가 없어 잡아둘 수는 없는 노릇이었던 순경은 그자의 인적사항을 받아적고 언제든지 연락하면 출두해야 한다는 점을 주지시킨 후 귀가하도록 안내했다. 그 남자가 순경과 피해자를 똑바로 쳐다보더니 한마디 했다.

"똑바로 하쇼, 어디서 생사람을 잡고 도둑놈 취급을 해."

순경이 할 말이 없어 "죄송합니다"를 연발하자 그 남자는 코웃음을 치며 유유히 사라졌다. 그런데 바로 그 순간, 순경의 머리를 땅 때리는 영감이 떠올랐다. 선배 신 순경이 잘난 척하며 떠들던 "경험은 과학이야"라는 말과 함께.

"도둑놈들은 신혼부부 집에 들어가면 늘 여자 팬티를 챙기곤 하지. 왜냐하면 그것을 안에 입고 있으면 붙잡히지 않는다는 도둑계의 전설이 있거든. 특히 신혼부부의 집에 들어가는 놈들은 반드시 여자 팬티를 훔쳐 입는다는 거야."

바로 그거였다. 순경은 의기양양하게 파출소를 나서는 그 남자를 다시 불렀다.

"아저씨, 잠깐만요."

"에이, 또 뭐야. 정말 옷 벗고 싶어?"

파출소 화장실로 안내한 순경이 바지를 잠시 벗어줄 것을 요청했다. 그 남자는 인권 침해라느니 성추행이라느니 하며 거절했지만, 한참을 실랑이 하다가 바지를 내렸다. 그런데 여자 팬티는 없었다. 순경은 죽을죄를 지은 양 쩔쩔매고 그 남자는 서슬이 시퍼렇게 격렬히 항의했다. 그런데 남자가 바지를 끌어올리다가 갑자기 지퍼가 퍽하고 터졌다. 남자가 다급히 흘러내린 바지를 들어올리기 위해 허리를 구부리는 순간, 순경은 보았다.

그가 입고 있는 옷 아래에 숨겨진 또 다른 팬티의 꽃무늬를(참고로 그 도둑놈은 그동안 1세트 10벌의 여성용 팬티를 일 나갈 때마다 애용했다고 한다).

아메리칸 드림과 기지촌

1980년대 우리나라의 기지촌은 그야말로 황금기였다. 달러의 가치가 우리 돈의 스무 배에 달해 미군들은 사병 월급으로도 영외로 나와 술을 마시고 여자를 탐하고 사고 싶은 것을 다 사도 모자람이 없었으니까. 그러다 보니 미군 부대가 주둔하는 장소에는 하나둘씩 미군들을 상대로 하는 기지촌이 형성되기 시작했고, 밤이 되면 술에 취해 함부로 소리를 지르고 욕지거리를 하며 흐느적거리는 미군들과 그들을 유인해 술과 몸을 팔려는 미군 클럽 종사 여성과 미군들을 상대로 조잡한 액세서리를 팔려는 잡상인들이 뒤엉켜 불야성을 이루곤 했다.

그중 서글픈 사람들이 있었다. 나이 젊고 예쁠 땐 미군들을 상대로 술과 웃음과 몸을 팔며 잘 나가던 아가씨였지만, 미군과 결혼해 미국으로 가는, 이른바 아메리칸 드림을 이루지 못하고 세월을 보내다가 늙고 병들어 생계가 어려워지자, 낮에는 딸뻘 되는 아가씨들의 속옷을 빨아주고 밤에는 술 취한 미군들을 유인해 아가씨들에게 연결하고 팁을 받는 일을 하는 속칭 '팸프'였다.

전쟁 이후, 무엇 하나 가진 것 없었던 우리나라에서 여인들의 몸이 달러를 벌어들이는 커다란 자원으로 인정되어 왔던 것이 공공연한 사실이고, 근간에 밝혀진 대로 국가에서 정책적으로 여인들을 미군들에게 제공해 왔음은 공지의 사실이다.

당시 정부에서는 두 가지를 노렸을 것이다. 첫째는 달러를 벌어들이는 것, 둘째는 공산군을 물리쳐준 은인의 나라, 무한정 원조를 아끼지 않는 최고의 우방 군인들이 태평양을 건너 먼 이국땅에 와서 향수에 젖자 이를 달래줄 수단으로 술과 여자를 제공한 것이 아니었을까? 참으로 서글픈 역사다.

누가 딱히 미군 클럽 종사 여성을 모집하지 않아도 숱한 아가씨들이 제 발로 기지촌으로 들어왔다. 그것은 값어치가 큰 달러의 풍부함과 잘 하면 꿈의 나라 미국으로 갈 수 있다는 '아메리칸 드림' 때문이었다. 찌들고 가난한 삶을 살면서 언제든지 살고 있는 곳을 떠나 보겠다고 벼르던 영자, 순자는 후텁지근한 공기에 먼지로 가득 차고 희망이라고는 눈곱만큼도 없던 양말 공장을 과감히 버리고 기지촌에 입성해 포주에게 첫 순결을 주고 밤마다 미군을 받기 시작한 것이다.

미군들에게 까만 머리에 까만 눈, 광대뼈가 약간 나오고 눈이 치켜 올라간 한국 여성들은 자신들이 집에 두고 온 금발 머리에 온몸이 노란 털로 뒤덮인 아내와 애인보다 신선했던 것일까? 술을 마시고 함부로 술주정을 해도 역정 한 번 내지 않고 상냥한 미소로만 대해주는 한국의 아가씨들은 그들의 무료한 향수를 달래주고 배설의 본능을 풀어주는 최고의 노리개였을 것이다.

어느 날의 새벽녘, 얼굴이 퉁퉁 붓고 입술이 터진 채 피를 흘리며 금발의 가발을 쓴 아가씨가 엉엉 울면서 파출소에 들어섰다. 자다가 나왔는지, 브래지어를 착용치 않아 속살이 다 비치는 슬립가운 너머로 하얀 젖가슴이 형광 불빛에 훤히 드러나 있었다.

"아저씨, 저 지금 미군에게 맞았어요. 빨리 잡아서 처리해주세요. 엉, 엉."

"아, 그래요. 그런데 그 미군은 어디에 있나요? 그리고 왜 미군이 때린 거지요?"

"미군은 지금 내 방에 있고, 부대로 도망치려고 하니 빨리 잡아야 해요. 나쁜 놈 새끼…"

그녀를 앞세워 그녀의 방으로 가니, 190센티미터가량 되는 큰 키에 레슬링 선수를 연상시킬 만큼 덩치가 큰 미군이 쪽마루에 앉아 군화끈을 매고 있다. 그 군화도 거의 300밀리미터 이상은 될 듯해, 그 군화를 신고 물에 들어가도 뜰 것만 같았다.

"저 놈이에요. 아저씨, 빨리 잡아요. 정말 나쁜 놈이에요. 밤새 데리고 놀고는, 나쁜 놈."

미군에게 동행할 것을 요구하자 다행히 술이 어느 정도 깬 상태인지 특별한 반항을 하지 않고 따라나섰다. 연신 알아듣지 못하는 영어로 큰소리를 내뱉으면서. 파출소에 도착해 미군 부대 헌병대에 연락해 통역관을 부르고, 자초지종을 조사하기 시작했다.

"아가씨, 왜 저 미군이 아가씨를 때린 거지요?"

"저 새끼가요, 초저녁에 클럽에서 만나 같이 술을 마시고 긴 밤을 자자고 해서 내 방으로 갔는데요, 밤새 주무르면서 귀찮게 하더니 내가 잘해주지 않아 사정을 못했다면서 트집을 잡고 머리맡에 두었던 화대 20불을 도로 가지고 간다는 거예요."

"아가씨, 좀 천천히 말해보세요. 무슨 소린지 당최, 화대를 도로 가져가는 이유가 뭐라고요?"

"참, 이 아저씨, 귀가 먹었나, 이놈이 한 번 했는데 지가 사정을 하지 않고는 못했다고 하면서 돈을 도로 가져간다는 거라니까요."

"지금 그 말은 사정을 하지 않았으니 돈을 도로 가져간다는 그런 뜻인가요?"

이때 옆에서 듣고 있던 50대가량의 한국인 미군 통역관이 빙긋이 웃으면서 보충 설명을 해 주었다.

"그게 무슨 말씀인고 하니, 이 미군이 이 아가씨와 긴 밤을 자기로 하고 20불을 주었는데 아가씨가 맘에 들지 않게 해 삽입은 했는데 사정을 하지 않았으니 완전한 섹스를 하지 않았다고 하면서 돈을 도로 챙겼다는 뭐, 그런 말이지요. 이 미국 놈들은 왕왕 그런 일이 있어요.

이놈들 나라에서는 그런 법도 있는갑디다."

진짜 너무나 어이가 없었다. 피해 아가씨는 아예 대성통곡을 하고 있었고, 미군은 뭐라고 알아들을 수 없는 영어로 지껄이고 있었는데, 아마도 자기는 억울하다, 난 사정을 하지 않았다, 뭐 이런 말 같았다. 속에서 부글부글 끓어오르는 분노를 애써 삭이며 통역관에게 말했다.

"이놈에게 당장 그 돈을 아가씨에게 주고, 치료비도 이 자리에서 즉시 지불하라고 하세요. 만일 그렇지 않으면 헌병대로 넘겨 형사처벌을 한다고 말해주세요."

"글쎄요, 이놈이 말을 들을까요. 전에도 이런 일이 있었는데 결국은 돈도 주지 않고 헌병대로 가서 바로 풀려나던데, 뭐, 그 나라는 그런 법이 있다나요."

"무슨 말씀이에요. 당장 내가 지금 말한 그대로 이놈에게 토씨 하나 빠뜨리지 말고 말해주세요. 아니, 하나 더요. 이 새끼, 돈을 주지 않으면 헌병대로 넘기기 전에 파출소 안에서 반은 죽여서 보낸다고도 말해주세요."

그러면서 은근히 그를 위협하기 위해 허리에 차고 있던 권총을 빼들어 만지작거렸다. 통역관이 열심히 미군에게 영어로 설명하고 있었으나 미군은 여전히 당당한 태도를 견지하며 도리어 큰소리를 치는 모양으로 보아 돈을 줄 의사가 전혀 없다는 것을 감지할 수 있었다. 한참동안 미군에게 설명을 하던 통역관이 말했다.

"이 새끼 말은, 여전히 그거예요. 자기는 삽입만 했지 사정하지 않았으니 섹스한 것이 아니고 그래서 돈을 줄 수가 없다는 건데, 생각해서 절반인 10불만 주면 되지 않겠느냐는 겁니다. 어떻게 할까요? 아가씨, 아가씨는 어떻게 할 거야?"

"뭐라고요, 돈을 못 주겠다고요? 정말 나쁜 놈이고만. 뭐, 이런 놈이 다 있어. 놔두세요, 저 새끼, 헌병대에 넘겨야 되겠어요. 그리고 때린 것은 어떻게 할 건지도 물어보았어요?"

"예, 물어봤는데, 아가씨도 자기의 얼굴을 할퀴었으니 서로 피해를 당한 거라고 하는군요."

그때서야 그 미군의 얼굴을 자세히 보니 좌측 얼굴에 여자의 손톱자국이 있었다. 흑인의 얼굴이라서 선뜻 내 눈에 그의 상처가 보이지 않았던 것이다. 난감한 생각이 들었다.

사실, 미군 클럽 아가씨들이 기지촌에서 미군들을 상대로 윤락행위를 한다는 것은 공공연한 사실이고, 그것을 찾아다니면서 단속을 하진 않지만, 일단 이런 경우처럼 문제가 발생하면 허수아비 법이라고 해도 '윤락행위 등 방지법 위반'으로 아가씨를 입건해야 된다.

그 죄명으로 구속이야 되지 않겠지만 벌금도 내야 하고, 전과도 올라가니 여자에게는 치명일 수밖에 없다. 더구나 미군과 결혼하는 '아메리칸 드림'이 최고의 목적인 여성들은 전과 때문에 어쩌면 그 꿈을 접어야 할지도 몰랐다. 뒤늦게 아가씨가 돌아가는 상황을 인식했는지, 나를 잠깐 보자고 한다.

"아저씨, 그냥 10불만 받을게요. 그리고 나도 저 새끼 얼굴을 손톱으로 할퀴었으니 서로 없는 것으로 해주세요."

"그래도 되겠어요? 억울하지 않아요? 저런 놈은 그냥, 법으로 하지 말고 주먹으로 해야 되는데, 그리고 아가씨, 윤락행위 등 방지법이 뭔진 알지요? 결국 아가씨도 처벌을 받아야 할 형편이에요."

"예, 알아요. 순간적으로 너무 억울하고 분해서 신고를 한 거예요. 한 번만 봐주세요."

10불을 받아 쥔 그녀의 희고 가는 손가락이 왜 그렇게 나를 슬프게 했는지 모른다. 당당하게 마치 인심이라도 쓰는 것처럼 10불짜리 지폐를 꺼내 건네는 그 미군을 보고 순간적으로 죽여버리고 싶다는 생각도 들었다. 통역관과 같이 파출소 문을 열고 나가는 그의 뒤통수에 나는 마음속으로 수없이 총질을 해댔다. 참으로 기분이 더러운 날이라고 생각했다. 아가씨도 갔다. 10불을 받아들고 언제 그랬냐는 듯이 터지고 부운 입술 사이로 이빨을 내보이며 웃고 갔다.

성범죄에 있어, 성교의 기수시기를 판단하는 학설이 있다. 일단 삽입만 하면 강간에 이른다는 '삽입설'과 사정을 해야 기수가 되는 '사정설'이 있다. 우리나라는 '삽입설'의 태도를 취하고 있다. 그 미군의 경우, 우리나라의 법 규정에 따라 분명히 그녀와 성교한 것이다. 따라서 성교의 대가인 화대 20불을 고스란히 그녀에게 주었어야 한다. 나는 그녀의 화대마저 지켜주지 못한 무능한 경찰이었다.

증거를 찾아라

소매치기가 극성을 부리던 시절이 있었다. 소매치기는 조직을 형성하고 있어 형사들도 합동으로 작전을 펼쳐서 가능하면 현장박치기(현장 검거를 우리들은 그렇게 불렀다)를 원칙으로 하고 있었다.

그러나 나의 과욕을 부른 사건이 있었다. 터미널에서 잠복 중이었는데 버스에 오르는 어떤 아주머니의 가방을 면도칼로 째고 내용물을 훔치는 소매치기를 발견했다. 지성이면 감천이라더니 잠복 3시간 만에 내 눈에 띈 것이다. 버스에서 내리는 소매치기의 뒷덜미를 낚아챘다. 잠시 휘청하더니 머리를 숙여 상의를 벗어던지고 내뛰기 시작했다.

그때는 젊은 형사 시절! 달리기라면 자신이 있었다. 그렇게 추격전을 시작한 지 약 20여 분, 족히 3~4킬로미터는 달렸을까? 드디어 소매치기가 가쁜 숨을 몰아쉬며 땅바닥에 주저앉았다. 즉시 그를 제압해 양손에 수갑을 채우고 가까운 파출소로 동행했다.

그곳에서 그자의 몸수색을 했으나 주머니와 몸 어디에도 훔친 물건과 범행 시 사용한 면도칼이 없었다. 분명히 그자의 뒤를 따르는 동안 어떤 물건을 던지는 것을 보지 못했다. 그래도 포기하지 않고 그자를 추궁했다. 분명히 현장에서 가방을 면도칼로 째고 물건을 훔치는 것을 내 눈으로 보았기 때문이다. 그런데 그자는 눈 하나 까딱하지 않고 "절대 그런 짓을 한 적이 없다"고 했고 "그러면 왜 도망을 쳤느냐"고 추궁하자 "전과가 있어서 괜히 또 억울한 옥살이를 할까봐서"라고 변명했다.

진짜 황당했다. 바로 눈앞에서 그자의 범행을 똑똑히 보았음에도 아니라고 우기고 있으니 말이다. 문제는 증거였다. 절취품과 범행에 사용한 면도칼이 발견되지 않았으니 입건조차 하기 어려운 지경에 처한 것이다. 연락을 받은 고참 형사가 와서 사태를 파악하더니 씩씩거리고 있는 소매치기에게 몇 마디를 하고 난 후 내보내라고 했다. 증거 없이 체포할 수는 없기 때문이다.

사달은 그때 터졌다. 그 소매치기는 그냥 갔어야 했다. 고참 형사가 나가라고 말하자 그렇지 않아도 자존심이 상하고 억울해서 죽겠던 내게 그 소매치기가 다가와서 아주 굴욕적인 몇 마디를 던졌다.

"에이, 쫄병 짭새 새끼야! 생사람을 잡았으면 무릎을 꿇고 빌어야 내가 살리든 죽이든 할 것 아냐?"

그러면서 내 턱을 툭툭 치는 치명적인 실수를 범한 것이다. 내 눈으로 현장을 봤고 명백히 소매치기인 그놈의 행동은 형사로서 인내심이 한참 부족했던 당시의 나를 매우 자극했다. 툭툭 내 턱을 치는 손을 잡아 비틀면서 손바닥으로 그자의 뺨을 제대로 한 대 갈기고 말았다. 딱! 허공을 가르는 소리가 나고 주변에 있던 동료들이 웅성대기 시작했다.

소매치기의 입에서 피가 분수처럼 뿜어져 나왔던 것이다. 일순간 모두가 당황하기 시작했다. 고참 형사가 지혈을 위해서 입을 벌리려 했지만 그자는 완강히 거부하며 버티었고 내가 합세해서 그자의 입을 겨우 벌린 후에 상황은 종료되었다.

그때 확실히 보았다. 그자의 입안 잇몸에 깊숙하게 박혀 있는 면도칼을. 그자는 도주하면서 소매치기 한 금품은 동료에게 던져버렸고 범행에 사용한 면도칼은 입 안에 숨겨두었던 것이다. 절취품은 끝까지 찾지 못했으나 그자를 현행범으로 체포해 의법 조치했다.

혼자서 독단적인 검거활동을 했다고 상사, 고참 형사들에게 욕을 실컷 들었고 사건을 검찰로 송치한 다음날 감찰반 김 경사가 조용히 내게 와서 노란 계고장 한 장을 주고 갔다.

"근무 중 부적절한 처신"

그 계고장은 이후에 바로 상계되었다. 범인검거 표창장이 넘쳐서 흐르고 또 흐를 정도였으니까. 특정 범인 검거는 기법에 의해 공조로 활동하는 것이 아주 중요하다는 사실을 그때 절실히 느꼈다. 의욕만 넘치던 햇병아리 형사 시절의 이야기다. 여전히 소매치기는 존재한다. 늘 주의하시길.

빨랫줄과 도둑

해가 막 지려는 여름 오후 나절! 주택가에서 잠복 중이던 우리 눈앞에 드디어 훔친 물건을 가방에 담아 나오는 도둑이 눈에 띄었다. 꼭, 대낮에 빈집만을 털어서 우리를 애 먹이던 도둑이었다. 우리가 잠복하던 주택 옥상에서 두 집 건넛집을 방문한 것이다. 우리끼리 눈짓을 한 후, 집과 집 사이 옥상을 건너뛰어 그자에게 접근하기 시작했다. 그 주변 집들의 구조가 거의 같아 옥상을 뛰어넘어 옆집으로도 충분히 건너갈 수 있었다.

도둑은 3층에서 계단을 내려오던 도중에 밑에서 한 형사가 올라오는 것을 보고 방향을 돌려 옥상 위로 달아났다. 한 형사가 뒤쫓고 위에서는 내가 옥상을 뛰어넘어 도둑을 압박하니 퇴로가 봉쇄된 도둑을 검거하는 것은 이제 시간문제였다. 그런데 도둑은 옥상 위를 맴돌면서 도망치기 시작했다. 옥상에서만 뱅뱅 돌기를 수십 바퀴! 죽기 살기로 도주하고자 하는 범인보다 형사가 빠를 수는 없다. 곧 잡힐 듯 잡힐 듯 하면서도 요리조리 미꾸라지처럼 빠져나가는 도둑 때문에 열이 나기 시작할 무렵, 화가 잔뜩 난 한 형사가 권총을 빼들었다.

순간 도둑은 큰 충격을 받은 듯 멈칫하더니 전속력으로 달려서 이웃집 옥상으로 몸을 날렸다. 그쪽은 옥상과 옥상 사이의 이격거리가 족히 3~4미터는 되었다. 만일 반대편 옥상으로 제대로 착지하지 못하면 도둑은 3층 높이에서 바닥으로 떨어져 죽을 수도 있었다. 찰나에 우리가 걱정할 수밖에 없는 상황이 연출된 것이다. 그런데 우리 우려와는 달리 도둑은 반대편 옥상으로 무사히 착지했다.

이제 남은 것은 내가 똑같이 도움닫기를 해 그 옥상으로 건너가는 일인데 짧은 시간 동안 엄청나게 갈등했던 것 같다. 하지만 그냥 두고 볼 수는 없었다. 전속력으로 달려 몸을 날렸는데 의외로 그 거리가 멀지 않았다. 우려와는 달리 도둑이 있는 옥상에 착지했다. 한 형사는 도저히 자신이 없었는지 건너뛰는 것을 포기하고 이쪽 옥상으로 건너오기 위해서 계단을 내려가기 시작했고 나와 도둑 단둘이 옥상에서 마주치게 되었다.

또 얼마나 옥상을 맴돌았는지 모른다. 물탱크를 중심으로 쫓고 쫓으며 수십 바퀴를 돌았을 즈음 도둑도 체력의 한계가 왔는지, 속력이 느려지기 시작했다. 곧 잡힐 것으로 안도하는 순간, 도둑이 다시 한 번

모험을 하기로 한 듯 반대편 옥상으로 몸을 날렸다. 아뿔싸, 하는 순간 "피잉, 퍽" 하는 소리가 들렸다. 눈앞에서 몸을 날리려던 도둑이 바닥에 쓰러져서 목을 움켜쥐고 비명을 질러댄 것이다.

순간, 밑에서 올라오던 한 형사가 총을 쐈고 하필이면 도둑의 목에 명중한 것으로 생각되어 눈앞이 깜깜해졌다. 도둑이라고 해도 총기사용 요건이 충족된 상태가 아니었기 때문이다. 도둑을 수습하고 목을 살피니 총을 맞은 것은 아니었다. 원인은 금세 찾을 수 있었다. 빨랫줄이었다. 해가 질 무렵 어슴푸레한 어둠 속에서 건조대 빨랫줄을 보지 못한 도둑이 반대편 옥상으로 몸을 날리기 위해 최대한 속력을 높여서 달리다가 목에 빨랫줄이 걸리면서 그대로 바닥에 나뒹굴고 만 것이다.

목에 순간적으로 가해진 충격으로 숨을 쉬지 못하자 비명을 지르며 나가떨어진 것이다. 결국 도둑을 줍게 되었다. 수갑을 채우고 신속히 병원으로 데려가 치료를 하고 사건을 정리했다.

하늘은 분명히 있었다. 빨랫줄에 목이 걸릴 확률은 나와 도둑이 반반이었지만 남의 것을 훔친 도둑이 걸린 것이다. 지금도 그때를 생각하면 아찔하기만 하다. 그 이후로 해질 무렵 옥상 위의 빨랫줄은 눈에 잘 보이지 않는다는 사실을 동료형사와 경찰학교 학생들에게 늘 말해주고는 한다. 그리고 하늘은 분명히 있다는 진리!

경광등

경광등 불빛으로 보는

파란하늘

붉은 땅,

몽롱한 꿈도

잠시

치열한 현실은 찰나에 다시 찾아오고

죽음을 연출하는

염장이가 정성을 다하는

손길은

삶을 위한
죽음의 향연이다.

안팎으로
조석으로
우리가 보는 세상은
파랗거나
빨갛고

돌아보면, 순간에
노랗고
검은 얼굴이 도처에
커다란
입을 벌리고 서 있다.

:: 형사들의 삶은 경계입니다. 경광등 불빛처럼 이쪽과 저쪽의 경계인으로 살고 있습니다.

귀신 잡기

택시기사들의 신고가 빗발쳤다. 비 오는 날 그 장소를 지날 즈음이면 항상 길옆에 흰 소복을 한 여자가 나타난다는 것이다. 그 장소는 의정부와 양주의 경계로 쭉 뻗던 길이 급커브를 그리며 왼쪽으로 꺾이는 지점이었다. 평지로 이어지다가 급커브를 그리며 야트막한 야산이 보이는데 산이라기보다는 커다란 무덤 정도로 보면 될까? 여하간 비가 부슬부슬 내리는 날에는 늘 신고가 들어왔고 택시기사들은 그곳으로 가는 것을 꺼려서 늦은 시각에 그곳을 지나야 하는 사람들은 애로사항이 많았다.

나중에는 그 동네에 사는 사람들에게도 그 소문이 나고 흰 소복의 귀신을 보았다는 사람들이 하나둘 늘면서 경찰서로 민원이 들어오기 시작했다. 귀신을 잡는 것은 본래 해병이지만 지역에 해병부대가 없어서일까? 결국 우리가 나서게 되었고 그중 가장 용감하다고 생각했는지 강력반으로 민원이 배당되었다. 형사계장이 형사들의 조를 편성하고 잠복근무를 지시했다. 비가 오는 날은 밤 12시부터 새벽 4시까지 2인 1개조로 그 인근 둑에서 잠복근무를 하라는 것이었다.

참 기가 막힌 일이었다. 귀신이라면 형사들이 무슨 힘을 쓸 것이며 권총이나 수갑은 왜 챙겨 나가는 것인지 도무지 이해할 수 없었다. 본래 잠복근무는 각 반(요즘은 팀으로 개편이 되었다)에서 가장 막내 형사가 전담하게 되어 있었다. 당시에는 나도 겨우 형사 3년차의 졸병으로 복사, 전과조회서 찾아오기, 청소, 부검 입회, 잠복근무 등 잔심부름을 전문으로 하는 형사였다. 각 반의 막내들끼리 모이면 그저 비가 오지 않기를 기도하고는 했다. 하지만 결국 귀신을 잡기 위해 6개 반에 12개 조가 편성되었다.

아침부터 비가 부슬부슬 내리자 걱정이 태산이었다. 그날의 당번이 우리 반이었기 때문이다. 나와 나이는 동갑이지만 2년 정도 고참인 이 형사와 나는 초저녁부터 단단히 준비를 했다. 수갑, 삼단봉, 권총 1정을 수령해 소지하고 바싹 긴장한 상태에서 둑 인근 수풀 속에 간이의자를 놓고 둘이 붙어 앉았다.

비가 내리는 여름철 수풀 속에서 모기떼는 외투를 뚫고 덤벼들어 침을 꽂아 대는데 지옥이 따로 없었다. 게다가 100킬로그램에 육박하는 두 사람이 거의 밀착해 한 몸으로 포개어져 있었으니 둘의 체온이 합쳐져서 펄펄 끓고 있다고 해도 지나침이 없었다. 조그마한 틈이라도 생기는 것 자체가 공포여서 밀착한 몸을 한시도 떼지 못했다. 귀신 앞에서 무기가 무슨 필요가 있고 형사가 무슨 의미가 있을 것인가.

바스락거리는 소리에도 혼비백산했고 소변을 볼 때도 둘이 손을 꼭 잡고 한 손으로 볼 일을 보았다. 자정부터 새벽 4시까지는 거의 죽음의 시간이었다. 어떻게 시간이 흘렀는지 모르게 공포와 초긴장의 근무를 마치고 사무실로 돌아오니 둘 다 거의 탈진 상태였고, 다음 날 두 사람 모두 고열 등으로 몸살감기를 앓았다. 다시 비가 오는 날을 기산해 여섯 번째가 되면 또 그 생지옥으로 잠복근무를 나가야 한다는 사실에 차라리 사표를 던지고 싶었다.

그날 이후 아침에 눈을 뜨면 하늘부터 쳐다보는 습관이 들 정도였다. 그 사이에도 택시기사의 신고는 끊이질 않았다. 이제는 흰 옷을 입은 여자를 보고 전속력으로 질주해 통과한 후, 안도의 숨을 쉬면서 백미러를 보는데 뒷좌석에 흰 소복의 여자가 있는 것을 보고 기절했다는 등의 구체적인 내용의 신고도 들어오기 시작했다.

그날은 아침부터 비가 부슬부슬 내리고 있었다. 다행히 그날은 우리 차례가 아니었다. 사무실에는 오늘 잠복근무를 나갈 유 형사와 이 형사가 코를 빼고 창밖으로 내리는 빗줄기를 보고 있었다. 그날따라 늦게까지 수사를 하고 귀가해 발을 씻고 자리에 누웠는데 전화벨 소리가 요란하게 울렸다. 전화를 받으니 유 형사였다.

"귀신 잡았어, 해결했어, 나하고 이 형사가 끝냈어."

"뭐라고? 귀신을 잡았다고? 어떻게?"

"흐흐 그게 말야, 범인은 비닐조각이었어. 얼마 전 물난리로 여기가 잠겼었잖아. 그때 떠내려온 비닐하우스 조각들이 나뭇가지와 전신주에 걸쳐 있던 거야. 자동차 헤드라이트가 빗속에서 비추면 마치 흰 소복을 입은 여자처럼 보였던 거야."

그랬던 것이다. 얼마 전 비가 너무 많이 와서 그 주변에 있던 저수지가 범람하면서 그 일대가 잠긴 적이 있는데 그때 비닐하우스가 찢기면서 나뭇가지와 전봇대에 걸쳐 있다가 바람에 날리면서 빗속에서 라이트 불빛을 받아 하얗게 흔들렸던 것이다.

유 형사 덕분에 공포의 잠복근무는 끝이 났다. 그런데 지금도 이해되지 않는 점이 있다. 형사계장은 어떤 생각으로 귀신을 잡는 잠복근무를 우리들에게 지시했을까? 진짜 형사들은 귀신도 잡을 수 있다고 생각했을까? 언젠가 대전 현충원에 갈 기회가 있으면 반드시 물어보려고 한다.

무당도 나를 싫어한다

1년을 달려오면서 지역의 성인 남자들은 거의 만나서 알리바이를 캤으나 여전히 오리무중인 상태라 이제는 수사할 거리나 대상이 고갈되었다. 매일같이 회의는 하고 있으나 무엇을 수사해야 할지 난감한 지경에 이르고 있었다.

너무 답답한 마음에 점을 보러 갔다. 유 형사의 말에 따르면 자신이 살고 있는 아파트에 신당을 짓고 점사를 보는 ○○ 댁이라는 무당이 있는데, 어느 날 갑자기 무병을 앓고는 평범하던 주부가 할 수 없이 내림굿을 받고 무당이 되었다고 했다.

요령을 든 작고 곱상한 여인 앞에 상을 마주하고 앉았다. 눈을 지그시 감고 있던 그녀가 유 형사의 살가운 인사를 받고 눈을 번쩍 떴다.

정확하게 나와 눈이 마주쳤다. 그순간! 그녀가 알아들을 수 없는 비명을 질렀다. 무방비 상태에 있던 나는 순식간에 혼비백산하고 말았다. 본능적으로 좌측 가슴에 차고 있던 권총을 뽑았다. 부르르 떨면서 눈이 찢어져라 나를 노려보고 있던 그녀가 말했다.

"니가 뭐 하러 날 찾아와. 맨 죽은 것들 다닥다닥 붙이고서 뭘 묻겠다고 왔어. 당장 나가. 에이, 퉤퉤!"

어이가 없었다. 순간 당황해서 어찌할 바를 모르는 유 형사를 두고 밖으로 나와버렸다. 무엇인지 모를 아주 더러운 기분과 역겨움이 느껴져 몇 번의 헛구역질을 하면서 아예 아파트를 나섰다.

"죄송해요. 왜 저러는지 모르겠네요. 갑자기 계장님 보자마자 저리 난동을 치니 무슨 조화 속인지 모르겠네요. 제가 잘 이야기했고요. 남편이 들어와서 진정시키고 잠잠해졌어요. 곧 계장님께 사과시킨다고 합니다."

그런 경황에도 유 형사는 점사를 봤다. 동남쪽으로 십여 리를 간 다음, 기다란 작대기가 날아다니고 울긋불긋한 것들이 서로 치고 받으며 도깨비불처럼 '엉겼다가 떨어졌다'를 반복하는 곳에 범인이 있다고 했다. 일단은 동남쪽으로 십 리 정도를 가보니 약간의 번화가가 나타났다. 방향은 잡았고 작대기와 색색의 것들은 무엇일까?

당구장이었다. 시골지역임에도 군부대를 끼고 있어 일곱 곳의 당구장이 성업 중이었다. 거의 3시간 정도를 수색해 절도, 사기 지명 수배자 두 명을 검거하는 것으로 종료되었다.

돌아오는 내내 그녀의 점사가 틀린 것에 대한 불쾌감보다는 귀신도 별로 반기지 않는다는 내 모습에 짜증이 났다. 언젠가 점집에 갔다가 쫓겨난 기억도 있었기 때문이다. 아니 쫓겨났다기보다는 나를 무서워하는 무당을 피해 나왔다고 함이 옳다.

그 무당은 나를 보자마자 벌벌 떨면서 나가달라고 사정을 했었다. 무슨 팔자를 타고나서 그럴까? 지금도 그때의 기억은 풀리지 않는 수수께끼다. 왜 무당들은 나를 그리 경계했을까?

수사를 하다 보면 너무 안 풀려서, 하도 답답해서 점을 보곤 한다. 32년 동안 점집을 적어도 수십 번 찾았지만 제대로 된 결과는 한 번도 없었고, 또 두 곳 말고는 쫓겨난 적도 없었다.

얼마 전에 ○○ 댁이 시름시름 앓다가 죽었다는 말을 들었다. 원래 불치병이 있어 치료 중에 신을 받고 잠시 살다가 간 것이라고 했다. 형사는 이래서 잡놈이고 귀신도 싫어하는 특별한 경계인인가 보다. 가끔씩 그 두 명의 무당이 궁금해지는 것은 왜일까? 나는 아직도 그 사건에서 헤어나지 못하고 있는 것은 아닐까?

존속살해

사건현장은 잔인했다. 50대 후반의 여성이 침대에서 둔기로 머리를 맞아 피를 흘리며 사망한 채로 발견되었다. 발 밑에는 범행에 사용한 둔기가 있었고, 사방에 비산혈이 묻어 있어 당시 상황을 충분히 유추할 수 있었다. 주변을 탐문하니 홀어머니와 20대 초반의 아들이 같이 살고 있었다고 하나 아들은 연락이 닿지 않았다. 거실에는 둔기를 담았던 공구통이 있었고 아들 방에는 온통 게임기만 즐비했다. 피해자의 몸에 뿌려진 올리브기름 병이 아들 방 쪽에서 발견되었다. 아들을 찾는 게 급선무였다. 전화번호를 알 수 없어 집 안에 있는 전화번호 수첩을 뒤적여 연락을 취하다가 피해자와 관계있는 몇 사람에게 특별한 말을 듣게 되었다.

피해자 집으로 아들이 들어온 지 불과 1년도 채 안 되었다는 것, 피해자가 오래전 남편과 이혼하고서 아들을 두고 왔다는 것, 아들은 아버지와 같이 살았는데 아버지가 재혼하면서 고아원 등에 맡겨졌다가 아버지의 사망 후 어머니가 집으로 데려와 같이 살았다는 것 등을 확인했다. 아들은 어려서부터 보살핌을 받지 못하고 고아원을 전전하면서 학교도 제대로 다니지 못해서인지 폐쇄적인 성격에 대인관계도 제대로 하지 못하고 오로지 집에서 게임만 하며 지내느라 어머니와 갈등이 많았다고 한다. 어머니는 그런 아들에게 잔소리를 하면서도 아들이 그렇게 된 것도 자신의 탓이라는 자책감에 많이 괴로워했다고 한다. 적지 않은 나이에도 생계를 위해 노래방에 나가서 잡일을 했으며 당일에도 늦은 새벽에 술을 마신 채 귀가했다고 한다.

숨 가쁘게 수사가 진행되었다. 외부인이 침입한 흔적이 없고 집안의 둔기를 사용하고 부엌의 올리브기름을 이용한 범행(이 부분은 도저히 직접적으로 언급하기가 어렵다)은 도무지 이해할 수 없는 부분이었다. 게다가 아들은 사건 이후 전혀 연락이 닿지 않았다. 그러던 중 아들이 거쳐왔던 고아원, 아동임시보호소에서 찾아낸 면담일지를 보고서야 우리는 아들이 범인임을 확신하게 되었다.

"나를 버린 어머니를 언젠가는 반드시 내 손으로 죽일 것이다."

결국 아들이 어머니의 신용카드로 게임기를 샀다는 사실을 밝혀내고 배송 장소를 찾았다. 근처 여관에서 아들이 투숙하면서 며칠째 두문불출 게임만 하고 있다는 사실을 확인하고 현장을 급습해 아들을 검거했다. 아들은 순순히 자신의 범행을 인정한 다음, 이후 모든 질문에는 대답하지 않았다.

그의 속옷에서 어머니의 몸에 뿌려진 올리브기름의 흔적을 찾았다. 천륜을 저버린 범행의 범인은 아들이었다. 사건 당일, 술이 거나해진 채 집에 돌아온 어머니는 당일 벌어온 돈을 베게 밑에 두고 아들이 있는 작은방으로 갔다. 그런데 아들은 어머니를 본 척도 아니하고 게임에만 열중하고 있었던 것이다. 그런 아들을 보는 어머니는 자책감이 들어서 오히려 큰소리로 잔소리를 했다. "언제까지 그렇게 살려는 것이냐? 널 그냥 두고 찾지 말았어야 했는데 괜한 짓을 했다. 내일 날이 밝으면 이 집을 나가라" 하고.

그게 어머니가 이승에서 마지막으로 아들에게 한 말이었다. 밤을 뜬 눈으로 보낸 아들은 잠든 어머니를 확인하고 거실 공구통에서 둔기를 꺼내 들었다. 그리고 둔기를 무차별 휘두르고 이불을 걷어 어머니의 얼굴을 덮었다. 부엌에서 올리브기름을 가지고 와서 사람으로서 해서는 안 될 일을 저지르고 말았다.

충격적인 사건이었다. 방치된 유년기를 보내면서 어머니가 자신을 버린 것에 대한 복수심과 게임에 중독되어 현실과 가상세계를 구분하지 못한 정신불안이 빚어낸 참상이었다. 가장 안타까운 것은 그가 고아원 등의 기관에 입소하면서 작성한 면담일지를 읽어본 담당자들이 없었다는 점이었다. 언젠가는 자신을 버린 어머니를 반드시 죽이겠다고 적었건만 어느 누구도 면담일지를 읽지 않았고 관심을 가지지 않았다. 손톱만큼만 관심을 가졌다면 충분히 막을 수 있었던 참사였다. 그를 구속해 현장검증까지 마치고 교도소로 송치해 종료했지만 너무나 뒷맛이 개운치 않은 사건이었다.

인간은 얼마나 더 잔인해질 수 있을까? 나날이 가족이 붕괴되고 있는 요즈음 우리는 지옥을 향해 달리고 있는 것은 아닐까? 남들이 겪지 않을 일들을 32년간 특별히 많이 보아 온 나는 어떤 운명으로 세상에 온 것일까? 피식 웃음이 나온다. 답은 "형사로 살라고."

서울과 경기의 경계에 서서

관할구역에 관한 웃지 못할 에피소드도 많다. 내가 있던 경찰서의 관내에는 도봉산과 그 줄기인 원도봉산이 있는데 예전에는 산 정상을 중심으로 서울과 경기도로 나누었다.

어느 추운 겨울이었다. 등산객이 그리 많지 않았던 시절이었는데 유난한 분이 정상 부근에서 변사체를 발견하고는 허겁지겁 하산해 파출소에 신고를 했다. 파출소에서 형사계로 통보했는데 하필 내가 당일 당직이었던 탓에 원도봉산을 올라가야 했다. 변변하게 등산화가 있던 것도 아니어서 운동화만 신고서 가파르고 미끄러운 산을 탔다.

정상에 오르니 진짜 특이하게도 50대 남자가 숨져 있었다. 위치를 보아하니 서울과 경기에 걸쳐 있어서 우리 관할인지 서울 관할인지 모

호했다. 같이 올라간 선배가 한참 생각을 하더니 무전기를 들었다. 빨리 서울로 연락하라는 내용이었다. 의아하다는 생각이 들어서 물어 보았다.

"우리 관할이 아닌 이유가 무엇이지요?"

"이 사람의 머리가 서울 관할에 있잖아. 머리가 있는 곳이 그 사람이 있었던 거야."

사람으로 인정하는 근거가 머리라는 주장에 동조할 수는 없었지만 관행인가 싶어 서울 쪽 형사들이 올라오기를 기다리고 있었다. 한참 후 서울 형사들이 땀을 뻘뻘 흘리면서 도착했다. 가벼운 인사를 한 후, 사체를 인계하고 발길을 옮기려는 찰나! 서울 형사가 우리를 잡았다.

"어이, 잠깐만요."

"왜 그러시죠?"

"이 사건은 그쪽에서 처리해야지, 왜 우리에게 하라는 거요?"

"왜 우리가 해야 된다는 거요? 머리가 명백히 그쪽 관할에 있는데."

"아이고 답답하기는, 당신네 관할에 발이 있으니 거기에서 있다가 넘어지면서 우리 관할로 머리가 온 것이 아니요. 그러니 당신네 관할에 있던 사람이지."

그는 발이 있는 곳이 관할구역이라 했다. 곰곰이 생각하니 그 말이 더 일리가 있었다. 그래도 선배는 한참을 우기면서 옥신각신하다가 결국 논리에서 밀렸는지 투덜대면서 사건을 맡았다.

이제 무전으로 연락을 하고 상황실의 지휘를 받아 변사체를 들고 내려가야 하는 입장이 되었다. 밑에서 몇 명의 형사들을 보강해줄 테니 잘 호송해오라는 수사과장의 목소리가 무전기를 통해 들렸다. 한참 후, 세 명의 막내급 형사들이 도착했다. 손에는 후송용 들것과 포대자루를 둘둘 말아 들고 있었다. 포대자루는 들것이 무용지물이 될 것을 예상한 예비용이었다. 혹시라도 변사체를 업어서 날라야 하면 직접 접촉하지 않도록 등 위에 까는 용도였던 것이다.

예상대로 후송용 들것을 사용할 수 없다고 판단하고는 3명이 1개조가 되어 변사체를 업고 한겨울 눈 쌓인 비탈길을 내려오기로 했다. 업는 사람의 머리 위까지 포대자루를 올려서 변사체와의 접촉을 완전히 차단하고, 형사 두 명이 업는 형사의 좌우 허리춤에 줄을 묶어 뒤에서 잡아당기며 속도를 조절하고 균형을 맞추며 내려왔다.

불행하게도 후배 형사들의 키가 작아서 내가 변사체를 업게 되었다. 두 시간이 넘도록 수도 없이 넘어지고 구르며 땀이 범벅되어 내려왔다. 거의 탈진 지경에 이르러 하산한 것이다. 다행히 사망한 지 오래되지 않았고 추운 날씨 덕분에 부패가 진행되지 않아서 운반과정에서 큰 고통을 받지 않았다.

선배 형사들은 사건 처리에서 나를 완전히 면제해주고는 얼른 가서 목욕하고 쉬라며 배려를 해주었다. 또 다른 선배 형사는 목욕하고 집 앞에서 신문지에 불을 붙이고 그걸 밟고 집 안으로 들어가라고 조언도 해주었다. 그런 세월이 있었다. 그런 삶을 살아 돌고 돌아 이 나이의 내가 있다. 형사를, 경찰을 욕하지 말라.

트랜스 베스티즘

형사들이 일시에 빠져나간 수사본부는 순식간에 절간처럼 침묵만 흐르고 있었다. 간간이 걸려오는 전화가 없다면 이곳이 살인사건의 수사본부라는 사실을 인식하지 못할 만큼 분위기는 무겁고 침울했다.

형사들은 사건이 뭔가 꼬이고 있다는 불안감을 온몸으로 느끼고 있었다. 현장을 찾아가서 수도 없이 주변을 살펴보고, 시간대별 유동인구와 통행하는 차량을 점검했다. 대로변에서 이처럼 가까운 장소에 사체를 유기할 정도의 배짱과 대범성은 도대체 어디서 나온 것이었을까? 어떤 종류의 범인이었을까? 적어도 일상적인 활동이 이루어지는 시간대에 이곳에 나타난 것은 아니었다. 그렇다면 자정을 넘기고 닭이 울기 전, 3~4시 사이에 범인은 이곳에 차를 대고 사망한 피해자를 끌어내려 배수구로 굴리는 형태로 옮기고 무언가를 이용해 사체를 밀어 넣은 것이 명백했다.

치밀함과 과감함이 엿보이는 범행수법으로 보아 한낱 '바바리맨' 같은 변태의 소행은 아니라고 생각했지만, 어차피 그들도 전부 확인해 털고 가야 한다는 생각에 변태들의 알리바이를 파헤쳐보기로 하였다. 당시 그 지역의 공식적인 인구는 5만 명 남짓, 중소공장의 외국인 근로자까지 포함하여 유동인구 약 2만 명, 대학교는 두 개가 전부였다. 대학교가 있는 지역에는 반드시 속칭 '바바리맨'이라고 불리는 변태가 기생하기 마련이다. 예측컨대 많아야 5~10명 남짓의 각종 변태가 있을 것이고, 주를 이루는 것은 '바바리맨' 계통일 것으로 추정했다.

저녁시간이 되자 수사를 나갔던 형사들이 하나둘 누군가와 동행하여 수사본부로 들어오고 있었다. 부지런한 팀에서는 이미 몇 시간 전에 변태로 확인된 남자를 데리고 와서 사건과의 연관성을 캐느라 여념이 없었다. 내가 예상했던 5~10명은 거뜬히 넘기고도 남았다. 이 조그만 도시에 기생하는 변태들이 그리 많음에 다시 한 번 놀랐다.

그러던 중 ○○○ 형사의 뒤를 따르는 관내 ○○기관의 전무인 김○○이 보였다. 퇴근시간을 넘긴 때였으므로 수사본부에 격려차 방문한 것으로 판단되어 아는 척을 하려고 일어서는데 ○○○ 형사가 내 곁을 스치며 한마디 한다.

"변태, 변태!"

아뿔싸! 전무님이 변태라고? 주춤 물러서서 다른 곳을 쳐다보며 딴

청을 부렸다. 알고 보니 그는 여성복장을 선호하고 여성 옷차림으로 거리를 활보하며 타인의 시선을 받을 때 쾌감을 느끼는 속칭 '트랜스베스티즘' 환자였다.

아내가 화장품 대리점을 하면서부터 그의 숨겨진 본성이 나타나기 시작했다고 한다. 별명이 '땡돌이'인 그는 평소 퇴근과 동시에 집으로 가서는, 얼굴을 세밀하게 면도하고 하얀 기초화장품을 칠한 후, 정교하게 색조 화장을 하고 준비한 가발을 쓴다. 미리 준비한 브래지어를 착용하고 원피스를 입고 여자 구두를 신으면 어느새 그는 여자가 된다. 대낮이라면 누구나 금세 구분할 수 있으니 그가 길거리로 나서는 시간은 늘 땅거미가 진 초저녁 무렵이었다. 그리고 두 시간 정도, 아내가 가게 문을 닫고 귀가하기 전에만 화장을 지우고 세수를 하면 아무 문제가 없다. 알리바이를 확인하니 그는 확실히 범인이 아니었다.

그에게 물었다.

"김 전무님, 그런데 왜 그런 취미를 가지셨지요?"

"저도 모르겠어요. 여하간 저는 여자 옷을 입고 거리를 활보할 때 저를 쳐다보는 남자들의 시선을 느끼면 그렇게 짜릿할 수가 없어요."

지구상에는 참 다양한 사람들이 살고 있다는 생각이 들었다. 그분은 최근에 직장을 퇴직하고 특별히 하는 일 없이 소일하고 있다고 한다.

얼마 전 그를 처음으로 알아보고 수사본부로 데려왔던 ○○○ 형사에게 그의 근황을 물어보니 다행히 그 희한한 버릇은 고쳤다고 한다. 그래도 나는 100% 믿지 않는다. 그의 가슴 저 끝에 숨어 있는 본성은 쉽사리 변하는 것이 아님을 잘 알기에.

수사본부가 차려지면 본의 아니게 지역사람들의 삶이 일목요연하게 드러나서 구태여 알고 싶지 않은 것들을 알게 된다는 것이 그렇게 싫다. 그런 세월과 군상들을 돌아 내가 여기 서 있다.

이제 살인 사건의 공소시효는 없다. 언젠가는 나를 대신하여 후배형사들이 반드시 범인을 검거할 것을 믿는다.

바보들

내가 강의하고 있는 경찰학교로 가끔씩 항의 전화가 걸려온다고 한다. 주로 현직 경찰관들이 전화를 해서 "김복준 교수가 방송에서 경찰조직을 너무 비난하고 있다"는 식으로 항의를 한단다. 이런 정신 빠진 친구들 때문에 경찰조직이 하류 대접을 받아온 것이다. 잘못한 것이, 잘못하고 있는 것이 눈에 뻔히 보이는데 비호를 하라고?

국민들은 처음에 저지른 잘못보다 그 잘못을 감추고 변명으로 일관하고 반성하지 않을 때 더 분노한다는 사실을 인식하지 못하는 것이다. 아직도 그런 생각을 가진 경찰들이 현직에 있다는 것이 아쉽다.

내가 경찰 출신이라고 해서 어떤 경우에서건 경찰의 편을 드는 말만 해야 된다는 그릇된 인식은 도대체 어디에서 나온 것인가? 그런 인식이 경찰조직 전체를 죽이고 있다는 간단한 이치를 왜 모를까?

경찰이 국민들에게 인정받을 수 있는 길은 단 한 가지 외에는 없다. 경찰 개개인이 절대 부정비리와 타협하지 않고 그저 국민만 보고 수사하는 것이다. 그리고 비난 받을 일이 있으면 거침없이 사과하고 용서를 빌어야 한다.

국민이 주인이다! 나는 경찰의 잘못에 대해서는 거침없이 비난할 것이다. 나에게 섭섭한 현직들이 많이 있나보다. 그들은 바보다.

이 세상에 내 것은 아무것도 없다

얼마 전 신문과 방송을 장식했던 ○○경찰서 형사계 직원 자살 사건이 문득 생각나서, 또 그 친구가 내 부하 직원이었기 때문에 한마디 하고 싶다. 꽤 맹랑했기 때문이다. 덩치도 제법 크고 생긴 것도 멀쩡하고, 성격은 화끈하다고 해야 할까. 나와는 같은 고향, 명청도明淸道 출신이고. ○○경찰서 개서 직원으로 와서 꼭 나와 같이 근무를 하고 싶어 했다. 그리고 자신은 형사가 꿈이었다고 했다. 그때 내가 물었다. "애들은 몇이나 있니? 집사람도 맞벌이 하시니?" 등등. 사소한 것까지 알아두어야 한다는 강박관념이 개인의 프라이버시를 무시해버렸던 것 같다.

"예, 아내와 아이 둘이 있습니다. 아내는 미군부대에서 근무해요."

그것뿐이었다. 그런데 아내를 언급할 때 나는 분명히 어떤 문제가 있을 것이라고 판단했다. 오랜 직장 생활에서 체득한 경험상, '이 부부에게 갈등이 있는 모양이구나' 하는 확신이 선 것이다. 여하간 그 친구는 형사를 하면서 열심히 일하는 모습이 보기 좋았다.

형사들은 나름대로 자기가 잘하는 분야가 있다. 이 친구는 특히 도박 사건에 대해서는 다른 형사들보다 야무지게 잘한다는 생각을 했다. 나중에 들은 바로는 예전에 아버지가 도박으로 재산을 다 날린 것에 대해 불만이 많았다고 한다.

나중에 내가 ○○경찰서로 옮기고 약 한 달이 지나서 그 친구의 자살 소식을 접했다. 그것도 혼자 떠난 것이 아니고 열한 살 난 딸과 아홉 살 난 아들, 두 아이를 데리고 ○○ 소재의 ○○ 고개에서 미리 준비해 간 음료수에 농약을 섞어 자신도 마시고 아이들도 마시게 한 것이다. 물론 아이들은 그것이 이 세상을 떠나는 독극물인 것을 전혀 눈치 채지 못했을 것이다.

자신과 둘째 아이는 현장에서 숨지고 다행히 큰 아이가 살아 현재 치료를 받고 있단다. 나중에 사정을 들어보니 내게 와 형사가 되고 싶다고 말하기 몇 달 전에 이미 그 친구는 아내와 가정불화로 이혼을 했다고 한다. 내게는 말하지 않았지만 자신의 동기들에게는 늘 말버릇처럼 뇌까렸다고 한다.

"홧김에 이혼도장을 찍긴 했는데, 다시 합쳐야지, 집사람도 그러길 원할 거야."

아마 본인은 언제든지 서로 사과를 하고(아니 일방적인 사과라도) 다시 합치자고 하면 다시 합쳐 살 수 있다고 판단한 것 같다. 자신과 오랜 세월을 같이 살았고 아이들도 둘이나 있으니 아내는 언제든지 다시 돌아올 것이라고 믿었나 보다. 엄청난 착각을 한 것이다.

그런데 얼마 후 그의 아내는 군 장교와 재혼을 해버렸다. 그에게는 엄청난 충격이었을 것이고 도저히 받아들이기 어려웠을 것이다. 아이들을 두고 다른 남자와 재혼하는 아내가 본인의 상식으로는 용납이 안 되었을 테니까.

그래서 그녀의 집에 전화를 해 "아이들을 버리고 새 살림을 차리니 행복하냐?" 등등의 욕설을 한 사실이 있었고, 재혼한 남자의 입장에서는 법을 가장 잘 지켜야 하는 경찰관이 그러한 행위를 하는 것이 마땅치 않았던지 경찰서 감찰계에 진정을 했다고 한다.

당연히 감찰계에서 감찰조사를 착수하고 그 행위에 대해 추궁했을 것이다. 그러자 이미 심성이 뒤틀릴 대로 뒤틀린 그 친구는 급기야 사표를 제출하고 경찰서를 박차고 나갔다고 한다. 그러고는 당일 저녁 자살을 하고 말았다.

이런 경우는 어떻게 설명해야 할까? 제3자의 입장에서 보면 사소하고 별 것 아닌 것처럼 보일지 모르는 이유가 이 세상을 등지고 싶을 만큼 강렬한 충동을 불러일으키는 것이었다면.

그 친구는 오류를 범했다. 가장 큰 오류는 아내, 자식들이 모두 자신의 소유라고 착각한 것이다. 내가 내 속으로 낳은 자식도 또 하나의 새로운 영혼임을 그는 깨우치지 못했다. 더군다나 아내는 나와는 다른 사람이자 다른 영혼임을 그는 간과했다.

세상에 내 것은 없다. 자신도, 아내도, 지금 내가 사용하는 모든 것은 내 것이 아니다. 심지어는 내 자신도 어쩌면 내 것이 아닐지 모른다. 그는 아내가 자신과 살을 섞고 살았다는 이유만으로, 언제든지 돌아올 것이라고, 아니 돌아오게 할 수 있다고 자신했던 것 같다. 자식들도 내가 낳았으니 당연히 내 것이라고 믿었나 보다. 그래서 내 것을 회수하고 정리하는 마지막 작업으로 그들과 동반 자살을 실행하지 않았을까? 참으로 어리석고 안타까운 친구다.

그가 간 지 이미 두 달이 흘렀다. 세상에 내 것이 아무것도 없다는 것을 몰랐던 그 친구의 얼굴이 가끔씩 떠오른다. 그리고 남은 사람을 생각도 해본다. 그가 이 세상에 와서 남기고 간 것은 무엇일까?

형사의 삶

형사란 직업에 대해 일반인들이 알고 있는 것은 얼마나 될까? 실제와 비교해서 100분의 1이라도 알까? 그저 강력범을 잡는 사람들, 조직폭력배를 검거하지만 그들과 유사한 사람들, 아주 냉정하고 지극히 고압적인 사람들, 술 잘 마시고 적정히 탈선해서 할 짓 다하고 사는 사람들, 사건 청탁받으면 눈감고 비리에도 쉽게 연루되는 사람들, 운동으로 다져져서 몸으로 벌어먹고 사는 사람들, 어떤 때는 피도 눈물도 없는 냉혈한 같은 사람들.

과연 그럴까? 그런 형사들도 이른 아침 출근길, 발끝에 부딪치는 풀포기, 돌부리 하나에도 고마워할 줄 알고, 아련한 첫사랑의 기억에 뒤돌아서서 눈물도 흘릴 줄 알고, 출장 가는 차 안에서 라디오를 통해 흘러나오는 노래가사에 먹먹해져 운전을 멈추기도 한다는 것을 알까? 그토록 속 썩이던 범인을 검거해서 교도소로 보낸 날, 쓴 소주 한 잔을 마시고 터덜터덜 집으로 향하는 그 공허함도 알까? 새벽에 귀가해서 곤히 자는 아내와 자식의 얼굴을 보며 알 수 없는 설움에 복받치는 눈물을 흘리기도 한다는 사실을 알까? 법리 하나를 적용하기 위해서 얼마나 많은 판례를 뒤적이는지도 알까? 옆구리에 칼을 맞은 짧은 순간에도 부모자식을 위해서 절대 죽을 수 없다는 무모함으로 버티는 똥배짱이 형사이기 때문에 가능하다는 사실을 알까? 무슨 일만 생기면 아무 생각 없이 매도하는 구설수들이 형사들을 얼마나 아프게 하는지 알까?

형사로 살아온 세월을 결코 후회하지는 않지만 원점으로 돌아간다면 다시 형사를 하고 싶지는 않을 것 같다. 잠복근무를 했다면서 후줄근한 바지와 헝클어진 머리칼, 거뭇한 수염으로 꾸벅 인사를 하고 저만치 걸어가는 후배 형사의 뒷모습을 보며 오늘은 왜 이리 가슴이 아릴까? 후배들을 위해서 내가 할 수 있는 일이 과연 무엇일까? 그저 아프다!

2부

인간 김복준

내 인생의 훈장

우연히 인터넷에서 제 이름을 검색해보았습니다. 그런데 관상 보고 운명철학을 한다는 누군가가 〈마리텔〉에 출연한 제 얼굴을 올려놓고는 떡하니 "현침문"이라 써두고 한마디 남겼더군요. 지극히 안 좋은 주름이라며 제 미간에 일자로 난 주름을 논합니다. 그 밑으로 관상을 보는 사람인 것으로 보이는 몇몇이 토를 달기도 했습니다.

진짜 웃겼습니다. 인생의 훈장같이 만들어진 주름을 가지고 별짓을 다한다는 생각이 들었습니다. 할 일이 어지간히 없는 사람들이란 생각이 들었습니다.

이 주름이 태어날 때부터 있던 것인가요? 60여 년 살면서 자연스럽게 내 인생의 역사로 깊게 패인 것을. 그걸 가지고 무슨 문, 무슨 문 하며 그것도 학문이랍시고 떠들고 있다니 말입니다. 손금이니 관상이니 그런 것, 전혀 믿거나 신경 쓸 일 아닙니다. 말 같지 않은 심심풀이 농담 수준에 불과한 잡학이라고 생각합니다.

내 운명은 내가 그려가는 것입니다. 내 삶이 다소 꼬인들 그게 누구 탓이겠습니까? 실패를 해도 성공을 해도 모든 게 자신의 탓인 것을.

그저 주어진 삶에 최선을 다해보고 슬퍼하건 기뻐하건 할 것입니다. 그래서 오늘도 할 수 있는 모든 것에 매일같이 도전하는 마음으로 길을 나섭니다. 그저 최선을 다할 뿐입니다.

어머니 전상서

제 어머니는 40세가 훌떡 넘으신 나이에 저를 낳으셨습니다. 집안에서 막내고 바로 위의 형과는 11년 차이가 납니다. 당시로서는 남부끄러운 임신이었을 겁니다. 그래서 어떻게든 떼어버리려고 배를 천으로 꽁꽁 감싸고 비탈진 산등성이에서 데굴데굴 굴러보기도 했답니다. 그럼에도 불구하고 이 세상에 발을 디딘 생명력 질긴 사람이 바로 저입니다. 어쩌면 제가 지니고 있는 집착이나 끈질김은 타고난 것인지도 모릅니다. 한번 꽂히면 끝장을 보는 심성은 자연적으로 타고난 것인지도 모릅니다.

일단 막내를 낳고 보니 누나가 업어서 키우고, 특히나 그동안 어머니를 괴롭히던 관절염 같은 잔병이 모두 씻은 듯 낫자, “이 아이가 복덩이구나"라고 생각하시고는 돌림자 '준'에 '복' 자를 붙여 김복준이라고 이름을 지었다고 합니다. 형들도 '준' 자 돌림으로 김해준, 김영준인데, 큰 형만 일제 식 표기로 '준'자 돌림이 아닙니다.

문득문득 어머니가 보고 싶습니다. 이제는 적당히 늙고 나름대로 나이값 하는 막내를 보면 진짜 흐뭇해하실 텐데 너무나 빨리 하늘나라로 가셨습니다. 그래도 어머니, 막내 잘 살고 있습니다. 비굴해지지 않고 기죽지 않고 부끄러운 짓 하지 않고 당당하게 살고 있답니다. 가끔은 꿈속에서라도 보고 싶은 어머니! 이번 설에는 잠시 잠깐이라도 꿈에서라도 보고 싶습니다.

김복준으로 낳아주시고 살게 해주셔서 고맙습니다. 지금이라도 깨닫고 느끼게 해주셔서 감사합니다. 아버지도 당당한 대장부로 살 수 있게 낳아 주심에 감사합니다. 절대 부당한 것과 타협하지 않고 꺾이지 않는 강인함을 물려주심도 감사드리고요. 나이가 드니 알게 됩니다. 그래서 제 이름이 김복준입니다.

한동안 아버지로만 익숙하다가 자식으로 돌아가 감상에 한번 빠져봤습니다. 우리 모두는 누군가의 아들이기 때문입니다. 하늘에서 떨어진 것이 아닌 우리는 부모님에게 끔찍한 존재입니다.

그 인간이라고 부르더이다

동네에 '로바다야끼'라는 일본식 포장마차가 생겼습니다. 네 명이 앉을 수 있는 테이블이 세 개, 열 평 남짓한 가게에 주방까지 붙어 있는 곳입니다. 값도 제법 싸고 직접 생선 굽는 냄새가 소주를 부르는데, 절대 부족함이 없는 그런 곳이었습니다. 며칠간 퇴근만 하면 그 집으로 가다보니 어느새 주인 아주머니와 가까워졌습니다. 게다가 슬쩍슬쩍 다른 손님들 몰래 하얀 백마구로(참치)를 몇 점 얻어먹다보니 우리 집 강아지처럼 그것이 습관이 되는 것 같았습니다.

그날도 여지없이 동료들을 꼬여 그곳으로 갔습니다. 청하 한 병에 꽁치구이를 시켜 먹고 있는데 갑자기 가게 안이 시끌해지면서 40대 아줌마들이 들이닥쳤습니다. 얼굴이 볼그레한 것으로 보아 이미 전주가 있으신 것 같았습니다. 앉자마자 큰소리로 "여기 청하 네 병에 꽁치구이, 참치 안주 주세요" 하고 주문을 하더니 그중 한 아주머니가 이야기 보따리를 풀어놓기 시작했습니다. 집 안에서 살림만 하는 아줌마치고는 상당히 세련된 용모와 복장을 하고 있었지만 의외로 목소리는 걸쭉하더군요.

"야, 오늘 있잖아. 웬일이니, 글쎄 그 인간이 오후 3시에 들어왔어. 낮잠 좀 자다가 깜짝 놀랐지 뭐니. 그래서 무슨 일이 있어서 그러느냐고 물었더니, 그냥 몸도 피곤하고 해서 일찍 들어왔다는 거야, 그러고는 나한테 목이 마르니 슈퍼에 가서 시원한 맥주를 서너 병 사오라는 거야. 그러더니 옷을 주섬주섬 벗는 거야, 뭐 샤워 좀 하겠다나. 그래서 즉시 감을 잡고 잽싸게 슈퍼에 가서 번데기 안주에다 과일 몇 개 사 가지고 갔지 뭐. 그랬더니 목욕탕에서 한참 샤워를 하고 있데. 뭔가 기분이 좋은 일이 있는지 콧노래까지 하는 거야. 여하간 나도 기분이 좋더라고. 그리고 잠시 후 타월만 걸치고 나오기에, 여보 조금만 기다려, 빨리 샤워하고 나올게 하고는 나도 잽싸게 번갯불에 콩 볶아먹듯 샤워를 하고 나왔잖아."

이때 옆에 있던 다른 아주머니가 한마디 거들었습니다.

"그래서, 그래서 어떻게 됐어?"

"아, 그런데 말이야. 그 인간이 어떻게 한 줄 아니? 아, 글쎄 내가 샤워하고 나오는 그 짧은 새를 못 참고는 맥주 세 병 전부 마시고 침대에 대자로 누워서 코를 드렁드렁 골고 자고 있지 않겠니."

어느새 하나가 되어 아주머니의 말에 귀를 기울이던 가게 내의 손님들이 동시에 웃어버렸습니다. 그때서야 분위기를 감지한 그 아주머니, "어머, 얘들아, 나가자. 아줌마, 여기 얼마예요?" 하고는 쏜살같이 가게를 나갔습니다.

저는 알았습니다. 아내들이 자기들끼리 모이면 남편이 그 인간, 저 인간인 것을. 그날 밤에 제 아내에게 물어 보았습니다.

"당신도 밖에 나가면 날 보고 그 인간이라고 해?"

"그럼, 그 짐승, 저 짐승이라고 해?"

와인 병을 든 남자

이른 아침 전철을 타려고 걷고 있는데 지나던 봉고화물차가 멈추고 경적을 연신 울립니다. 저를 부르는 것으로 보여 멈춰서니 얼굴이 시커멓고 작업모를 푹 눌러 쓴 사내가 흰 이를 드러내며 다가옵니다. 한순간 잽싸게 싣고 있는 화물을 파악했습니다. 각종 파지가 잔뜩 실려 있습니다. 그렇다면 파지를 수집하는 고물상 차량! 특별히 유감을 사거나 감정을 살 만한 인물이 기억나지는 않았습니다.

주머니에 넣었던 손을 꺼내고 본능적으로 가슴 부위에 두툼한 지갑이 심장을 적정히 커버하고 있는지 툭 쳐봅니다. 신발도 캐주얼하게 오늘따라 편하게 신었습니다. 바지도 풍족하게 편한 것으로 선택했습니다. 참 잘했다는 생각이 드는 순간! 거의 다가온 사나이의 손에 들려 있는 맥주병 같은 게 보였습니다. 이건 심상치 않습니다. 퇴직 후 적어도 10년은 늘 조심해야 합니다.

선배들은 늘 호신용 무기를 가지고 다니라고 했습니다. 당연히 저도 차에는 가스총과 목검, 삼단 봉이 있습니다. 그런데 요즘은 전철을 타고 방송을 가니 그런 준비는 없습니다. 적잖이 당황했습니다. 순간적으로 옆을 보니 만두집 옆에 봉걸레가 걸쳐 있습니다. 우선 4~5보 이동해 손을 뻗으면 닿을 거리를 확보하고 몸을 대각선으로 튼 채 그를 맞이했습니다. 시선은 얼굴보다 그가 들고 있는 병을 쳐다보면서…

"어이, 김복준!"

"누구시죠?"

"나야, 안○○"

"아!"

신음소리가 절로 나왔습니다. 나보다 몇 년 일찍 퇴직한 선배였습니다. 최근에 화물차 한 대를 사서 폐지를 수집하고 다닌다더니 바로 그 선배였습니다.

손에 든 것은 제게 준다고 들고온 와인이었습니다. 너무 반가운데 당장 줄 게 없답니다. 방송에서 경찰의 존재 가치를 알려주는 자랑스러운 후배라서 고맙다고 했습니다. 범인을 잡는 것처럼 폐지와 고물을 잡을 뿐 잡는 건 같다고 웃었습니다.

선배는 연금에 폐지와 고물을 판 돈으로 그럭저럭 살 만하다 했습니다. 역마살 때문에 해갈을 하고 다녀야 살맛이 나는 건 여전하다고 했습니다. 언제 그 화물차를 타고 장흥 골짜기 닭도리탕집에서 진하게 소주 한 잔 하기로 하고 헤어졌습니다. 사람이 사는 건 별것 없습니다. 이리, 저리. 이렇게, 저렇게. 속절없이 사는 겁니다!

흐르는 물처럼, 이름 모를 꽃처럼

우리 집 베란다에서 내려다보면, 4차선 도로에 버금가는 간헐천이 보입니다. 비가 오면 물이 흐르고 평소에는 맨바닥을 드러내고 있습니다. 천의 중간쯤에는 마치 섬처럼 고립된 공간이 있습니다.

오늘 보니 이틀 정도 비가 왔다고 제법 물이 흐릅니다. 그리고 그 작은 섬에 파랗게 식물들이 새순을 올렸습니다. 조만간 여름이 오고 비가 잦아지면 반드시 잠기고 제 명을 다하지 못할 텐데, 바보 같기 짝이 없다고 생각했습니다.

하지만 어쩌면 우리의 삶도 그 고립된 공간의 이름 모를 풀과 같을지 모릅니다. 한 포기의 꽃이라도 피우려고 끊임없이 새순을 올리다 가는 것! 모처럼 휴식을 맞은 오늘, 비 내리는 사패산을 보다가 문득 내려다본 간헐천에서 작은 섭리를 발견합니다.

온 세상이 서로 주었느니 받았느니 모르느니 추악한 도둑놈들의 말로 휩싸여 어지럽기만 합니다. 이럴 땐 방송하기도 싫고요. 오늘 만큼은 비를 즐기겠습니다. 이 비가 주는 의미를…

내 삶의 노스탤지어

언젠가 펼쳐들고는 이해하려고 무던히도 애쓰던 자크 라캉의《욕망 이론》을 다시 펼쳐들었습니다. 책머리의 글이 눈에 들어왔습니다.

'인간을 살아가게 하는 동력은 무엇일까. 실패해도 다시 일어서고 좌절 속에서도 버티게 하는 힘은 무엇일까. 사막을 걷는 나그네는 오아시스를 보고 지친 발걸음을 옮긴다. 그런데 그가 찾아온 오아시스는 저만치 물러나 다시 그를 손짓한다. 인간의 꿈도 신기루처럼 허망한 것은 아닐까? 그러나 허망할지라도 오아시스를 보지 않으면 인간은 사막을 걷지 못한다. 꿈이 없으면, 목적이 없으면, 얻으려는 대상이 없으면 그는 살지 못한다. 그것만 얻으면 아무런 욕망도 없으리라 생각했다. 그런데 그것을 쥐는 순간 욕망의 대상은 저만큼 물러난다.'

한편 프로이트는《쾌락원리를 넘어서》에서 욕망을 충족시키는 유일한 대상은 죽음뿐이라고 했습니다. 과연 죽음만이 귀결인 것일까요? 인간은 대상이 허상임을 알 때 그것을 향한 집착에서 벗어날 수 있고, 자신의 시선 속에 타인을 억압하는 욕망의 시선이 깃들어 있음을 깨달을 때 좀 더 쉽게 타인을 이해할 수 있을 것입니다.

오늘 하루는 이 책을 가지고 버텨볼까 합니다. 한없이 파고들다 보면 뭔가 쓸 만한 것을 진짜 찾을지도 모를 테니까요. 이미 책의 첫 장부터 새록새록 내 삶의 '노스탤지어'가 아련합니다.

서진여인숙

이 여자야, 그러게 뭐랬어
아무리 새끼가 귀하고
지아비가 하늘같아도
세월 찌든 허벅질랑 보이지
말랬지

시장 관리주임 강씨나 경비하는
박씨가 기껏해야 막걸리 한 사발에
그저 눈감아 준 것 같아
물론 알지

누런 이똥 쑤셔대던
강씨를 자네가 좋아할 리 없단 걸
늘 젖가슴 얘기만 하던 박씨도 그렇고

순대 썰다 같이 썰어버린 새끼손가락만
제대로 있었어도
햇빛 잘 드는 자리에 솥단지를 걸 수 있었을 거라고
그랬으면 지엄하신 지아비 근사한 양복이라도
금쪽같던 새끼 파카 만년필이라도 한 개 더 살 수 있었을까
손가락 쳐다보며 사랑하는 놈 봤어

느 할머니가 내 한티 해 준 거 암 것도 없어야
지금이사 이리 거칠고 꺼매졌지만 느 아베 만날 땐
피부도 뽀얗고 얼굴도 보름달 마냥 이뻤어야
그거라도 감사함서 지금까장 왔지
짬나면 느 외할머니 산소라도 댕겨와야 쓰것는디
시장이 노는 날이 통 없응께

시장통 옆 서진 여인숙 211호
달랑, 요 하나 이불 한 채
이 사람아, 눈이라도 감으라니까

파리똥이 도배를 하고 쥐 오줌이 알록달록한
천정에 뭣이 있다고
느 할머니가 나한테 준 건 그래도 볼맨하다던
이 몸 하나여 육덕 하난 좋다고 했어 넘들이

박씨 냄새
강씨 냄새
시장 건너편 한약방 송씨 냄새
뭐든지 다 퍼 줘버려야 한다는 예수 냄새
목욕 안 하고 앉아서 잠자던 부처 냄새
첫 이슬 때 여자로 느꼈을 때 그녀 자신의 냄새
서진 여인숙 냄새

:: 참 억세게 살던 여자였습니다. 삶이 고단해도 포기하지 않던 여자였습니다. 주변 사람들이 아무리 눈 흘기고 욕해도 못들은 채 참고 살았습니다. 그녀에게는 자식 외에는 없었습니다.

후회없이 떠나던 날

너무나 힘든 상사였습니다. 무엇보다 자신만 우월하고 뛰어나다고 생각하는 것인지, 부하직원을 마치 자신의 종이나 노예처럼 대하고 반드시 자신의 통제 속에서 모든 일을 하도록 두는 것 같았습니다. 그의 밑에서는 누구도 잘하는 일이 없었습니다. 그의 지시를 따르더라도 과정이 못마땅해서 원하는 결과를 얻지 못한 것이라며 혼나야 했고, 알아서 잘하려고 일을 벌여 용케 좋은 결과를 얻어도 미리 보고하고 자신의 조언을 받았다면 훨씬 더 좋은 결과를 얻었을 거라며 추궁을 했습니다.

그에게 부하직원은 자신이 정해준 컵 속의 물 이상이 되어서는 안되는 것이었습니다. 그 속에서만 놀아야 혹시 물이 넘쳐 바닥에 떨어져도 도태되는 것을 막을 수 있다고 여겼습니다. 지난한 세월 동안, 이건 아니라고 더 이상은 못 참는다고 생각했지만 컵을 벗어나는 물은 죽음이라는 두려움을 쉽게 떨칠 수가 없었습니다.

어느 날 아침! 그에게 눈길조차 주지 않았습니다. 그가 무슨 말을 하건 딴청을 부렸습니다. 전혀 다른 사람으로 변해서 마치 모르는 사이처럼 대했습니다. '너는 떠들어라. 나는 다른 생각이 많다'고 속으로 외치며 철저히 무시한 것입니다. 노발대발 얼굴을 붉히며 무슨 말을 하려고 할 때 벌떡 일어서며 말했습니다.

"에이 씨, 나 그만두겠소."

컵 속을 나서는 아침은 햇빛이 찬란하게 비추고 신선한 바람이 불어 한껏 상쾌했습니다. 홀가분했습니다. 그리고 머지않아 컵 속의 물이 넘쳐서 땅으로 스미어 꽃을 피우고 열매를 맺을 수 있음도 알게 되었습니다. 안주하는 삶이 항상 아름다운 것은 결코 아닙니다. 우리는 어디로건 떠나야 하고 늘 떠날 준비를 해야 합니다. 컵 속의 물이 아니기를 선택하는 것도 결국 자기 자신입니다. 그게 스스로 옳다고 판단한다면, 후회해도 떠나십시오!

근본

오늘날 내가 존재하는 이유를 한시도 잊지 않았습니다. 젊은 날, 닥치는 대로 책을 읽으며 문학도를 꿈꾸다가 군에 다녀온 후 생각이 바뀌었습니다. 너무도 비굴한 세상에서 합법적인 응징을 할 수 있는 일이 무엇일까 고민하다 경찰이 되기로 했습니다.

고시를 꿈꾸며 준비도 해봤지만 공부하는 능력은 부재하고 한계에 부딪치기도 했으며 그리 끈질긴 성품도 되지 않았던 탓입니다. 그나마 형사가 된다면 뭔가 할 수 있겠다는 생각에 경찰이 되기로 한 것입니다. 그리고 세월이 흘러 형사를 지휘하는 일선 경찰서 수사과장의 자리에도 올랐습니다.

그런데 문제는 보람이었습니다. 직접 현장을 뛰던 성격은 진득하게 수사를 지휘하는 과장의 자리에 맞지 않았습니다. 정년을(?) 몇 년 앞두고 직장을 떠난 것도 그런 이유입니다. 박사학위를 받고 야인으로 돌아온 순간, 형사였던 시절을 잊을 거라 다짐했습니다. 그리 살 수 있다고 생각했습니다.

그런데 요즘도 여전히 길을 걸으며 주변을 돌아보고 무의식중에 차 번호를 외우고 수상한 사람을 쫓아가는 제 모습을 보니, 천생 죽는 날까지 저는 형사인가 봅니다. 이게 맞는 것인지, 옳은 것인지, 당연한 것인지 아직도 모르겠습니다.

아프다면 한 발 앞으로

회룡역 앞에 한동안 나타나지 않아 은근히 걱정되던 모 자동차 영업사원이 다시 등장했습니다. 여전히 고깔모자와 샌드위치맨이 되어 이른 아침 출근하는 사람들을 향해 소리를 지르고 있습니다. 약 한 달 가까이 왜 나타나지 않았는지 무척 궁금했습니다. 어디가 아팠던 것인지, 아니면 너무 추워서 며칠 쉰 것인지 다가가 질문을 하려다가 멈추고 돌아섰습니다.

그가 입고 있는 '샌드위치 판넬'의 가장 윗부분에 '검정리본'이 큼직하게 그려져 있었던 것입니다. 검정리본 아래 "아버지, 더욱 열심히 살겠습니다"라는 큼지막한 글자와 함께. 그를 뒤로 하고 계단을 오르는 동안 몇 번을 뒤돌아봤습니다. 대견한 청년, 씩씩한 청년의 아버지를 보낸 슬픔이 충분히 느껴졌습니다. 언젠가는 놓아야 할 인연을 보내고 저리 홀로 하얀 입김을 내뿜으며 최선을 다하는 청년들이 있는 한 대한민국은 살 만한 나라이고 희망이 있는 나라가 아닐까요?

스스로를 지키는 자, 세상을 지킨다

오늘은 중앙경찰학교 마지막 수업을 갑니다. 당분간 수업이 없을 테고 젊은 경찰관들을 만날 기회가 없을 것입니다. 강의를 다니면서 장거리 운전으로 힘들기도 했지만 그들을 만나러 가는 길은 늘 설렜습니다. 내년 2~3월에는 새로운 젊은 경찰 후배들을 만날 것입니다. 졸업과 동시에 전쟁터 같은 일선 경찰서로 배치되는 후배들이 초심을 잃지 않고 멋지게 근무해주길 바랍니다.

범죄자 앞에서는 추상 같은 경찰, 힘없고 약한 이에게는 한없이 부드러운 경찰, 그 어떤 부당한 지시에도 굴하지 않고 원칙대로 하는 경찰이 될 것을 믿습니다. 경찰이 제대로 하면 세상은 밝아집니다. 경찰이 비리를 저지르지 않는데 어떤 공무원, 어떤 사람들이 비리나 부정을 꿈꾸겠습니까? 제발, 우리 후배들은 늘 당당하고 멋진 진정한 국민의 경찰이 되기를 기도해봅니다.

제 소원은 공휴일이 되면 성당에서, 교회에서, 사찰에서 경찰제복을 입고 당당하게 미사, 예배, 예불을 올리는 것입니다. 그런 세상은 공짜로 오지 않습니다. 스스로가 뼈를 깎는 노력을 해야 하겠지요. 시작하는 그들에게 끝을 보라고 이야기합니다. 마지막에 빛나는 사람이 되었으면 좋겠습니다. 정리할 때 후회 없도록 살아야 하겠지요.

기대어도 괜찮아

늘 밝은 미소와 여유 있는 행동으로 과대표도 하고 공부도 열심히 하던 제자가 있었습니다. 그 친구랑 어제 막걸리 한 잔 했습니다. 경찰의 꿈을 접고 어린이집 교사자격 시험에 합격해 실습 중이라고 합니다. 잘했다고 그것도 괜찮다고 했습니다.

그런데 술이 여러 순배 돌고 적정히 취해갈 무렵 그 친구가 대성통곡을 하기 시작했습니다. 가정형편이 너무 어려워 더 이상 기약 없는 경찰시험에 매달릴 수 없어서 포기했다고 했습니다. 홀어머니와 동생들을 본인이 책임져야 한다고 합니다. 그래서 대학 때도 과대표, 알바 등으로 미친 듯이 살았다고 합니다. 지쳤다고 합니다. 모든 걸 놓아버리고 싶다고 합니다.

그런 말을 하는 스물다섯 살의 젊은 여성이 100년을 산 사람처럼 보였습니다. 아팠습니다. 가슴이 너무 아파 술만 마셨습니다. 그저 용기 내자고 좀 늦으면 어떠냐고 열심히 돕겠다고 말하고 헤어지는 길목에 바람이 차가웠습니다. 내 옆에 있는 소중한 이들에게 어떤 고민이 있는지 한 번쯤 챙겨보는 하루가 되었으면 합니다. 내 주변에 있는 이들이여, 아프면 아프다고 말하고 살자고요.

좀 늦으면 어때

아마존에 살고 있는 어떤 부족은 어딘가를 가고자 마음먹으면 며칠간 장고한다고 합니다. 그러고는 결정이 되면 출발을 하는데 별다른 준비가 있는 것은 아니랍니다. 그냥 길을 나서기 시작하는 겁니다. 뚜벅뚜벅 걸어서 출발하는 것이죠. 그럼 왜 그리 장고했을까요?

그들은 목표지를 정하면 며칠간 '내가 저곳에 갈 수 있을까?' 그것만 판단한다고 합니다. 어떤 방법으로 갈 것인지, 준비물은 무엇이 필요하며, 얼마나 걸릴지는 생각하지 않는답니다. 그리고 갈 수 있다고 판단되면 길을 나서는 것이랍니다.

때로는 그런 단순함이 우리 현대인에게도 필요한 듯합니다. 너무 재고 따지다 우리는 가고 싶은 곳, 이루고자 하는 것에 발도 디디지 못하는 수가 많습니다. 그렇게 망설이다 인생을 마칠 수도 있습니다. 늦으면 어떻습니까? 결국은 내가 목표한 그곳에 도착했다는 것이 중요하지요. 그 목적지가 허망한 꿈이었다고 해도 말입니다.

도달하지 못할 목표는 없습니다. 가고 싶고 도달하고 싶은 그곳을 늘 그리고만 있다면 언제 내 길을 갈 수 있을까요? 얼마나 걸릴지 계산하지 마시고 오늘, 지금 바로 출발하십시오. 내 옆에 있는 그대들은 충분히 그럴 수 있는 분들입니다. 시작을 되새기는 하루 보내십시오.

도둑놈의 줄타기

동영이는 내가 잘 아는 후배입니다. 어려서부터 놀러 다니는 것을 좋아하고 공부와는 궁합이 그다지 맞지 않아 학교 석차는 늘 뒤에서부터 헤아리는 것이 빠른 친구였지만, 사람은 그저 좋아 그 친구를 싫어하는 사람들이 없었던 것으로 기억합니다.

고등학교를 졸업 후, 예상대로 대학을 포기하고 일찍부터 돈을 벌겠다며 생활전선에 뛰어든 곳이 나이트클럽. 웨이터 보조로 일정한 수련기간을 마치고 나이트클럽 내에서 서열도 올라 '정 웨이터' 자격을 얻자 보증금 몇 백만 원을 만들어 당당한 0번 웨이터(조용필)를 따내기도 했습니다.

몇 년 열심히 접시를 나르면서 돈도 좀 벌고 장족의 발전을 거듭한

끝에 동영이는 동네에 조그마한 단란주점을 내고 본격적으로 사장님이 되었습니다. 그런데 말이 사장님이지 안면을 튼 손님들이 오면 같이 한잔 하면서 비위를 맞추고, 또 다른 손님이 오면 또 한잔 하다 보니 영업이 끝날 때면 곤드레만드레 만취해 귀가하는 생활이 지속되었습니다.

그러던 어느 날, 그에게 있어 최악의 날이 찾아왔습니다. 그날도 여느 날과 다름없이 만취한 채 집에 도착해 거실 등을 켜고 윗저고리를 벗어 소파에 던지던 그의 눈에 창밖에서 얼핏 어리는 검은 그림자가 들어왔습니다. 그의 집은 10층 아파트 중 7층에 있었습니다. 술에 취해 자신이 헛것을 보았나 했지만 궁금해 그냥 지나칠 수 없었습니다.

창으로 가서 밖을 내다본 동영이는 깜짝 놀라고 말았습니다. 어떤 놈이 옥상에서부터 줄을 타고 5층 창에 매달려 닫힌 창을 열려고 애를 쓰는 것이 아니겠습니까. 그놈은 줄을 몸에 감고 두 발로 창밖의 난간을 지지하면서 한 손으로 창을 열려고 무진 애를 쓰고 있었습니다. 누가 보아도 한밤중의 도둑놈이었습니다.

"야, 이제 도둑놈이 줄까지 타면서 도둑질을 하네. 그래, 너 오늘 잘 걸렸다. 내가 밤늦게 오는 직업을 가진 줄 몰랐던 모양인데, 넌 죽었어."

그는 잽싸게 부엌으로 가서 잘 드는 칼을 들고 창으로 갔습니다. 그러고는 한 손으로 옥상에서부터 늘어진 줄을 잡고 소리를 질렀습니다. 아주 가볍고 당당한 목소리로.

"어이 도둑놈, 너 오늘 딱 걸렸어."

밑에 매달린 도둑놈이 뭐라고 소리를 지르긴 했지만 그 소리를 정확히 듣기에 동영이는 너무 취해 있었습니다. 온통 신경은 도둑놈을 아주 쉽게, 편하게 잡았다는 희열을 느끼면서.

"자, 이제 자른다. 넌 이제 죽는 거야."

사실 동영이는 진짜로 그 줄을 자르려는 생각은 없었습니다. 단지 겁을 주고자 했던 것입니다. 그런데 한밤중 "아~악!" 하는 소리가 온 아파트에 메아리치면서 도둑놈은 추락하고 이어 "쿵" 하는 소리가 사방에 울려퍼졌습니다. 떨어진 도둑놈은 미동도 없고.

"거 이상하네. 자르지 않고 그저 칼을 대기만 한 건데 그냥 끊어지네. 자식 그렇게 약한 줄을 타고 그래."

사람들이 모이고, 경찰이 출동하고, 갑자기 한밤중에 아파트는 난리가 났지만 그는 한꺼번에 몰려오는 잠을 주체할 수 없었습니다.

"어이, 동영씨, 일어나세요."

그는 누군가 몹시 흔들어 깨우는 느낌에 눈을 떴습니다. 경찰관이었습니다. 경찰서에서 찬물을 한 주전자 정도 족히 마시고 난 후, 그는 자신이 왜 경찰서에 와서 조사를 받는지 알았습니다.

그를 조사하던 경찰은 도둑놈이 타고 내려온 줄이 이삿짐을 묶을 때 쓰는 고무로 만든 줄이라고 했습니다. 사람의 무게로 팽팽하게 당겨져 있던 상태에서 동영이가 칼을 갖다 대자 한순간 맥없이 끊어져 버린 것입니다. 일반 밧줄이나 로프 같았으면 부엌칼로 수십 번은 썰어야 겨우 끊어졌을 것입니다.

더 큰 문제는 그가 도둑놈이 아니었다는 겁니다. 그는 5층에 사는 총각으로 고층 빌딩 유리창을 닦는 사람인데 그날따라 늦게까지 술을 마시고 열쇠를 분실하게 되자 자신의 주특기를 발휘하려고 했던 것입니다. 그런데 본래 자신이 쓰던 장비를 사용치 않고 마침 옥상에 방치되어 있던 이삿짐 싸는 고무 밧줄을 탔던 것이고요.

"그러면 형사님, 그 사람은 어떻게 되었나요? 죽었나요?"

동영이는 거의 울먹이며 물었습니다.

"다행히 목숨은 건졌는데, 아마 한 1년 정도는 누워서 지내야 할 것 같다고 합니다. 아저씨가 사는 아파트가 약 1억 원 정도 하지요? 어이구 이사할 집은 따로 있수?"

마른하늘에 날벼락이 그렇게 떨어진다고 합니다.

국민과 차벽 사이

왜 차벽을 세우는지 도저히 이해가 되지 않습니다. 차벽을 잘못 행사하면 국민들을 감금하는 감금죄를 저지르는 것과 같습니다. 제아무리 불법집회라 해도 불법한 공권력행사를 해서는 안 되기 때문입니다. 최선을 다해 막되 힘에 부쳐 뚫리고 설혹 청와대 앞까지 인파가 몰려간다고 한들 또 뭐가 그리 문제가 되는 것일까요. 만약 그들이 불법행위를 저질렀다면 추후에 엄중하게 책임을 물으면 될 일입니다.

경찰에게는 주적의 개념이 존재하지 않습니다. 범법자도 경찰에겐 치안 서비스의 대상자며 경찰이 보호해야 하는 대한민국 국민입니다. 저는 불법시위라고 해도 차벽이라는 성을 쌓아 통행을 막음으로써 국민을 '감금'하는 공권력 행사를 절대 반대합니다.

경찰이 최선을 다해 막아도 힘에 부쳐 뚫리면 그저 뚫리는 겁니다. 그들은 우리의 적이 아니기 때문입니다. 행위에 대한 책임의 소재만 분명히 하면 됩니다. 국민을 가로막고 있는 차벽에 대한 저의 소회입니다. 다들 각자의 생각이 있을 테지만요.

대통령

아침부터 박근혜 전 대통령의 법원 출두 현장이 생중계되고 있습니다. 사복차림에 관리번호 '503' 배지를 가슴에 부착하고 수갑을 찬 채 교도관에게 이끌려 법원으로 향하는 전직 대통령의 초췌한 모습을 보는 것은 정말 즐겁지 않습니다. 국민들의 궁금증을 해소하기 위해서 법정에서도 1분여 가량 촬영도 허가했으니 호송과정보다 더 자세히 얼굴을 볼 수 있을 겁니다.

박근혜 전 대통령도 평범한 사람에 불과할 뿐이니 어떤 모습을 하고 있을지 충분히 그려집니다. 우리들 스스로 그녀에게 신비감을 부여하고 특별한 사람으로 인식하는 오류를 범한 것은 아니었는지 돌아보게 됩니다.

대상을 올려다보면 너무 큰 기대를 하거나 지나친 비난과 책임을 묻게도 됩니다. 대한민국의 대통령보다 불행한 공무원은 없습니다. 퇴임하면 반드시 법정을 오가며 재판을 받고 두고두고 비난을 받고 살아야 하는 운명을 짊어져야 하니 말이죠. “이번에는, 이번에는 그렇게 되겠지” 하며 지나온 세월이 적지 않으나 여전히 다음을 기대해야 되겠지요. 진심으로 이번이 마지막이 되기를 바랍니다. 당당하게 대통령 집무실을 나서는 대통령의 모습을 볼 수 있기를 기대합니다.

VIP 안전모

이상하리만치 전철 스크린 도어 사고 청년이 눈에 아른거리고 성실한 공무원의 그림자가 눈에 밟힙니다. 방송을 하지 않았다면 덤덤히 받아들였을까요? 팩트를 확인하는 과정을 거치면서 사안들의 속살을 들여다보니 아픔도 가중되나 봅니다. '을'로 살아가는 인생들의 한계로도 다가와서 더 화도 나고 울분도 깊어집니다. 어제는 방송 중에 정말 욕설이 나올 뻔했습니다.

남양주 전철사고 현장을 찾은 장관과 국회의원, 도의원들에게 아부의 극치인 'VIP 안전모'가 지급되고 거기에 글자까지 새겨진 것을 보는 순간, 화가 치밀었습니다. 평소 그런 것을 쓰지도 않는 것들의 화이버를 별도로 만들어둘 정도로 한가했던가요?

그런 것을 준비한 공무원은 이미 공무원이 아닙니다. 아부로 사익을 챙기고 동료 공무원들에게도 막대한 피해를 주는 쓰레기일 겁니다. 그걸 준다고 자랑스럽게 뒤집어쓰고 사진이나 찍는 그런 자들이 이 나라의 재상이고 국회의원들이니 나라꼴이 제대로 될 턱이 있겠습니까?

제 돈으로 국화꽃을 사오는 자 하나 없고, 그걸 준비하고 의전 인력까지 배치한 회사 측도 천하에 몹쓸 사람들입니다. 열아홉 살 청년은 일할 인원이 없어 홀로 나가 일하다가 사망했는데 말이죠.

메트로의 노조활동이 왜 그리 심했는지도 알겠습니다. 결국 국민들보다는 자신들의 사익을 위해서였습니다. 감축한 인원들이 메트로 소속만 떠날 뿐 외주회사로 가서 똑같이 월급 받고 아무 지장 없이 살 수 있었군요. 진짜 나쁜 사람들입니다. 뭔가 획기적인 사회 변혁 조치가 있어야 합니다. 을, 병, 정들의 반란이 야무지게 한 번 일어나야 합니다. 국회의원들 백 날 투표로 심판해야 늘 거기서 거깁니다. 민간기구가 발족되어 국회를 감시하고 통제하는 역할을 하도록 해야 합니다. 일 안 하면 정말 세비도 주지 말자고요.

젊은이의 죽음을 애도하며

전철 스크린 도어를 수리하다가 숨진 청년을 생각하면 너무나 가슴이 아픕니다. 공고를 갓 졸업한 꿈 많은 청년이 왜 죽어야 했는지. 여전히 어른들의 책임이라 여겨져 한편 책임감도 느낍니다. 조만간 외주회사에서 공사로 넘어가면 공사 직원이 된다는 희망에 부풀어 있었다는 말에 더 가슴이 아픕니다.

우리는 꿈 많고 성실하게 일하려는 청년들의 안전도 보장해주지 못하는 한심한 어른들만 존재하는 나라에서 살고 있는가요? 매뉴얼을 만들면 뭐 합니까? 누구나 당연히 지킬 수 있는 매뉴얼이 되지 못했으니 별도로 매뉴얼을 지키기 위한 매뉴얼을 또 개발해야 될까요? 우리 자식들의 일터마저 안전을 위협받는 대한민국에 무슨 희망이 있을까요?

열아홉 살! 그 꿈 많은 젊은이를 보내고 말 한마디 없는 대통령을 비롯한 정부관계자들만 가득한 나라! 그런 유감 표시, 애도 표시 한 마디가 격에 맞지 않는다는 사고를 가지고 있는 건 아닌지 걱정됩니다. 그런 것 정도는 여벌로도 하는 겁니다. 자신의 입지를 위해 의도를 갖고 현장을 찾아 부적절한 애도 표시라도 하는 속보이는 모 정치가들이 차라리 낫게 느껴지는 건 저만 그럴까요?

우리 사회의 아픈 단면을 보여주는 이번 사건은 시사하는 바가 많습니다. 총선으로 드러난 국민의 뜻이 정말 위대하게 느껴지는 아침입니다. 젊은이의 명복을 빌며.

오늘, 단, 하루만이라도

오늘은 서해교전이 발생한 지 2년 되는 날입니다. 우리가 월드컵 열기에 휩싸이고 효순, 미선이의 희생 때문에 분노할 때 그들의 고귀한 희생도 있었습니다. 최근 이라크에서 일어난 김선일 씨의 희생에 대해 온 나라가 분노하고 아우성이지만 한 번쯤은 우리나라를 지키다가 산화한 고귀한 희생도 생각해보았으면 좋겠습니다. 아래 내용은 당시 전투에서 부상당한 군인들을 치료한 군의관이 쓴 글 중 일부입니다.

"오 중사의 맞은편 침상에서 생존자 중 가장 많이 다친 박동혁 상병을 접하게 된다. 건장하고 준수한 청년이었는데 의식은 없었고 인공호흡기가 달려 있었다. 파편이 배를 뚫고 들어가서 장을 찢었고, 등으로 파고들어간 파편은 등의 근육과 척추에 박혀 있었으며, 등과 옆구리는 3도 화상으로 익어 있었다. 오른쪽 허벅지에도 길쭉한 파편이 박히고, 전신에 총상과 파편창이 즐비했다. 포탄을 맞아 왼쪽 발목을 절단한 부정장 이희완 중위 설명으로는 의무병이었던 박 상병은 여기저기에서 쓰러져가는 전우들을 치료하기 위해 몸을 숨기지 않고 뛰어다니다 위험에 고스란히 노출돼 그렇게 됐다는 것이었다."

누구의 죽음이 더 의미가 '있다, 없다'를 따지고자 하는 것은 결코 아닙니다. 그러나 최근 김선일 씨의 죽음에 온 나라가 떠들썩한 가운데, 왜 그렇게 2년 전 그들의 죽음은 모두들 잊고 있는지 가슴이 답답할 뿐입니다. 그들은 분명히 나라를 지키다가 짙푸른 바다에서 꽃잎처럼 스러져 갔습니다. 그들은 우리의 국군이고 귀한 집의 자식이었으며 한 가정의 가장이었고 꿈 많던 젊은이였습니다.

애국이란 무엇일까요? 국가를 위해 목숨을 바친 사람들이 응당한 대접을 받지 못하는 나라에, 또 그 국민들을 위해 어느 누가 기꺼이 목숨을 초개와 같이 버릴 수 있을까요? 한번쯤은 서해교전 전사자들의 명복을 비는 하루가 되었으면 합니다. 오늘 단, 하루만이라도.

벚꽃 같은 세월

이 찬란한 봄날이 속절없이 지나갑니다. 얼마 전 머리에 벚꽃을 한 움큼 덮어쓰고 서 계시던 동네 할머니를 보고 "어찌 그리 한없이 그 자리에 서 있으세요?" 하고 물은 적이 있습니다.

"응, 그냥 좋아서, 너무 이뻐서, 꽃이 꼭 내 머리카락 색깔이네. 젊어서는 이 꽃이 이리 이쁘고 소담한지도 몰랐구만" 하십니다.

그 후로도 할머니는 그렇게 한참을 서 계셨습니다. 90세는 되어 보이시는 할머니를 뒤로 하고 돌아오는 길 내내 목구멍에서 비릿한 무엇이 올라오고 나도 모르게 눈물이 흐르고 있었습니다. 세상의 어머니들의 모습이 저러하리라!

가는 시간을 말없이 받아들이고 망각의 바다로 서서히 입수하는 설계된 노선을 살면서 젊은 날을 되새긴다 해도 새삼 이제서야 보이는 예쁜 것들 때문에 오히려 서글픈 게 사람인지도 모릅니다. 할머니는 벚꽃을 보며 자신의 머리카락을 보았습니다. 그게 신기했던 것은 아니리라! 곱씹어 돌아온 세월을 반추하고 계셨으리라! 벚꽃을 하얗게 이고 서 계시던 할머니 생각이 지워지면서 이렇게 봄날은 갑니다.

어리석음의 미학

다람쥐는 겨울을 보내기 위해서 부지런히 도토리를 물어다가 여기저기 숨겨둔답니다. 그런데 머리가 그리 뛰어나지 못해 자신이 숨겨둔 장소를 다 기억하지 못한다고 합니다. 거의 절반 정도는 기억하지 못한다고 하네요. 그래서 다람쥐가 기억하지 못한 장소에서 도토리가 싹을 띄우고 도토리나무가 자라난다고 합니다. 그 도토리나무가 또 자라서 도토리를 맺고 또 다람쥐가 도토리를 먹고 숨기고를 반복하는 것이죠.

세상을 사는 이치가 무릇 이렇습니다. 어리석음까지도 엄격한 자연질서를 구축하는 하나의 요소가 되니 이 또한 신의 섭리요, 경이로움입니다. 다람쥐의 어리석음이 파종을 하는 농부의 심성과 닮아 있는 겁니다. 누구도 다람쥐에게 묻지 않았지만 안데르센은 그의 나라에서 이미 "반은 겨울식량이고 반은 파종이지?" 하고 다람쥐에게 물었는지도 모릅니다. 다람쥐 이야기는 바로 '어리석음의 미학'을 의미하는 것이었습니다.

너무 영악하고 똑똑하게 살지 않아도, 더러는 어눌한 말과 순진한 어리석음이 세상의 질서를 유지할 수도 있을 것이라는 지인의 말이 떠오릅니다. 사람이 잘나봐야 얼마나 잘났겠어요. 따지고 보면 거기서 거기지. 남에게 피해주지 않는 어리석음이 세상 질서를 촘촘히 해주는 씨앗이 될 수 있음에야.

딸 그리고 아내

결혼한 딸의 빈자리에 연연하면서 밤을 지새우는 일이 많을까 걱정했는데 예상 외로 아내가 의연합니다. 물론 시집을 가서도 여전히 제 집 드나들 듯 불쑥불쑥 찾아오며 결혼 전이나 후나 크게 변한 것 없다는 듯 자연스럽게 행동하는 딸 때문이기도 하겠지만, 그래도 집을 떠난 건 분명한데 별다른 변화가 없다는 것은 긍정적인 일일까요? 자식들이 근처에 살고 있다는 것 또한 축복입니다. 우리 민족이 이산가족에 대해 유난히 애틋함을 가지는 것은 어쩌면 몇 대가 같이 살던 풍습이 배어 있어 그런 것이 아닐까요?

엊저녁에도 술 한 잔 하고 일찍 잠이 든 사이에 딸이 왔다갔습니다. 아침에 아내에게 들으니 아직도 제 방에 둔 옷가지 몇 개를 추리고 "엄마 뭐 먹을거리 줄 것 없어?"라고 했답니다. 몇 가지 음식을 챙겨주었다고 하면서 아이들 주려고 고등어를 주문했다고 하는 아내의 표정이 아주 밝습니다. 원래 엄마는 자식 입에 들어갈 음식을 챙기면서 최고의 즐거움을 느낀다더니 그 말이 맞는가 봅니다. 여하간 근처에 살면서 언제라도 엄마가 부르면 쪼르르 달려올 수 있는 딸과 사위가 있어 좋습니다. 아무래도 딸 방은 그대로 보존해야 할 것 같습니다.

아침에 "다녀오겠습니다" 하는 말을 들을 수는 없지만, 아이가 귀가할 때까지 기다리다가 "다녀왔습니다" 하는 말을 듣고 일과를 마치는 일은 없어졌지만, 여전히 우리 딸이고 든든한 아들도 생겼으니 모든 게 고마운 일입니다. 알렉스 헤일리가 쓴 소설《뿌리》처럼 앞으로 제 가족은 모계를 따라서 이어질 것입니다. 그저 핏줄로 이어질 것입니다.

대한민국 연가

이문세의 '광화문 연가'를 들으면 갑자기 코끝이 찡해지면서 주책없이 눈물이 흐르는 날이 있습니다. 그 시절을 살았던 한 사람으로서 젊은 시절의 정서를 온전히 느낄 수 있기 때문일 것입니다. 해마다 이즈음, 첫눈이 내릴 때 생각나는 노래들이 있고 추억의 장소들도 어른거립니다. 신촌의 '우산속', 명동의 '마이하우스' 그리고 빈번이 드나들던 명륜동의 약주 집 '램프', '선보래', '들꽃', '모래틈', '로즈하우스' 등등. 그때는 경양식집으로 불리던 업소마다 뮤직 박스와 함께 신청곡을 받고 멘트도 하는 DJ가 꼭 있었습니다.

제 친구 중 한 명은 단발머리를 하고서 돈암동에 있던 '희로애락'이라는 업소에서 DJ를 봤었습니다. 제가 좋아하는 로보Lobo, 스콜피언스

Scorpions, 키스Kiss, 퀸Queen, 이글스Eagles의 팝을 언제나 들을 수 있었고, 리오 세이어Leo Sayer의 '웬 아이 니드 유When I need you'가 절절하게 느껴질 무렵, 저는 입대를 했습니다.

가난했어도 희망이 있었고 매사 자신감이 넘쳐나던 시절! 돌이켜보면 스스로도 낯을 붉힐 수밖에 없는 치졸한 짓도 했지만 그것마저도 젊음의 특권이고 성인에 이르는 시행착오였으리라 생각됩니다.

요즘 우리 아들과 딸들이 너무 안타깝습니다. 죽도록 공부하고 배우며 한시도 쉬지 않음에도 되는 일이 없어, 삶이 절망이라는 우리의 젊은이들, 우리의 자식들! 도대체 성인인 우리는 무엇을, 무슨 짓을 아이들에게 하고 있는 것일까요? 그들이 살 만한 나라는, 열심히 노력하면 누구나 잘 살 수 있다는 새로운 희망을 가질 수 있는 나라는 언제나 올까요? 어른으로서 많은 반성을 해봅니다.

해마다 이맘때 저절로 찾아오는 내 젊음의 '노스탤지어Nostalgia'마저 앗아간 이 겨울의 대한민국! 그래도 끝내 이루어지길 바랍니다!

은행나무

제가 다니던 초등학교 정문 옆에는 수백 년 묵은 은행나무가 있었습니다. 가을이 깊어지면 은행잎이 하늘에서 쏟아져내려 운동장을 온통 샛노랗게 물들이곤 했습니다. 꼬맹이 적 우리 너댓 명이 뭉쳐서 숨어도 족히 가려질 정도로 굵은 아름드리 은행나무가 궁금해서 여전히 그 자리에서 가을을 날리고 있는지 시골친구에게 연락을 했습니다. 여전히 있다고 합니다. 학교는 단층 복도식 목조교실을 허물고 3층으로 새로 지어졌고, 드넓은 운동장도 일부 주차장으로 쓰고 있지만 정문 앞을 지키던 은행나무는 여전히 그 자리에 굳건히 서 있답니다.

정말 다행이라고 생각했습니다. 무심한 세월을 반백 년 돌아 문득 그리워진 은행나무가 그대로 있다니 얼마나 다행인가요. 저 높이 우리가 날리던 꼬리연이 나뭇가지에 걸려 나부끼고 해가 질 때까지 운동장을 뛰어다니다가 집으로 가는 시간! 저무는 해를 붉게 품었던 은행나무는 제게 든든한 아버지 같았습니다. 변함없이 늘 그 자리에서 묵묵히 기다려줄 줄 아는 아버지와 닮았었습니다.

그런데 수년 전부터 촘촘하고 울창하던 이파리가 줄기 시작하더니 이제는 거의 없어져 회색빛 가지만 앙상하게 하늘을 우러르고 있다고 합니다. 그렇게 열매도 더 이상 맺지 않아 조금은 흉물스러워진 모습을 보고는 사람들 사이에서 베어내는 게 좋지 않을까 하는 논의가 있었다고 합니다. 다행히 추억을 간직한 여러 사람이 결사반대해 그대로 보존하고 있지만 교교한 달빛에 떨고 있는 모습이 너무나 슬퍼 보여 차라리 정리를 하자는 의견도 늘고 있다고 합니다.

세상의 모든 것들은 돌아갈 자리를 찾고 준비를 합니다. 은행나무도 이파리와 열매를 포기하고 어쩌면 아름드리 나무둥지 가슴팍을 비워서 가을 바람소리를 휘휘~ 내뱉는 게 아닐까요? 조만간 어떻게든 틈을 내어 반드시 은행나무에 다가가 기대고 부비고 귀 기울여 쩡~쩡 갈라지며 길 떠나는 생명이었던 것의 비운 가슴을 느끼고 싶습니다. 그리하여 아련한 한줌 추억으로 남아 후회가 없기를.

지하철 떡판

한 할머니께서 오늘도 회룡역 엘리베이터 입구에서 김이 모락모락 나는 떡을 팔고 있습니다. 이제는 이력도 나셨는지 캡모자를 쓰고 국방색 전대도 두르고 제법 장사꾼 티가 납니다. 오늘은 김밥이 아니고 떡입니다. 검은 봉지에 담은 떡 5개 1500원, 망설여졌습니다. 전철을 타는데 떡을 사야 할지. 그래도 좀 팔아주고 싶었습니다. 할머니와 눈빛도 교환했고요. 만 원을 건네자 한 봉지를 주고 거스름돈을 주려 합니다.

"혹시 내일 거스름돈 받음 안 될까요? 내일도 살 건데."

"안 돼요. 내가 사람 기억을 못해요. 내일 살 때 또 내세요."

할머니는 단호히 거절합니다.

그때 의정부에서 같이 근무한 적이 있는 선배가 전철을 타기 위해 부지런히 걸어오는 게 보였습니다. 퇴직 후 일흔이 넘은 나이에 서울 ○○ 중학교에서 스쿨폴리스를 하고 계십니다.

"할머니, 만 원어치 다 주세요."

그러자 할머니는 덤으로 한 봉지를 더 주십니다. 묵직했습니다.

전철을 타고 경로석에 앉으신 선배님에게 떡을 드렸습니다. 점심 때 동료들과 나누어 드시라고 하면서. 고맙다면서 받으시는데 기분이 좋았습니다. 두 정거장을 지났을까 몇 분의 할아버지, 할머니께서 경로석에 오르고 서로 인사를 교환하시더니 제가 드린 떡을 펼치고 나누어 드시기 시작합니다.

앞쪽의 할머니, 할아버지도 자연스럽게 가세하더니 급기야 떡판이 벌어졌습니다. 순식간에 전철 내 노인 분들 떡판이 되었습니다. 어찌 그리 잘 드시는지 만 원의 효용을 바로 알 수 있는 시간이었습니다. 출퇴근길 혹시 떡을 파는 노인분이 계시면 하나 사서 집에 가지고 가십시오. 집에 부모님이 계시면 더 좋고요.

기대어 산다는 것

산책을 하던 중에 70세는 족히 넘어 보이는 그분을 만났습니다. 그와 같이 산책을 하는 개도 사람 나이로 따지만 오히려 주인보다 더 들어 보였습니다. 우리 집 옆 중랑천 둑방길에는 수많은 사람들이 산책을 합니다. 그분은 걸음걸이가 부자연스러운 것으로 봐서 마비가 온 듯했습니다. 그런데 비단 그분만 그런 게 아니었습니다. 자세히 보니 개도 한쪽 다리를 절고 있었습니다. 아니 한쪽 다리를 끌고 있다고 하는 게 옳을 것 같습니다. 둘 다 10미터를 채 이동하지 못하고 쉬었다가는 것을 되풀이하고 있었으니까요. 서로 누구랄 것도 없이 일정한 거리를 가면 쉬곤 했습니다. 이미 오랜 습관으로 당연히 그리하는 듯했습니다. 이 경우를 서로 눈빛만 봐도 안다고 하는 것입니다.

사람이건 짐승이건 나이가 들면 늙고 병들고 그러겠지요. 그래도 그 노인이 불행해 보이진 않았습니다. 대상이 무엇이건 나와 동병상련하는 무언가가 옆에 있다는 건 얼마나 다행입니까. 나중에 알고 보니 그분은 스님이었다고 합니다. 많은 세월을 사찰에서 주지로 지내다가 무슨 이유에서인지 속세로 내려오셨다 합니다. 당연히 가족은 없고 절에서부터 돌보던 개와 같이 살고 있다고 합니다. 그래서 눈빛이 탁하지 않았던 모양입니다. 기회가 닿으면 말을 붙여보리라 생각하고 있습니다.

서로가 기대고 살아서 인간입니다. 그 대상이 어느 것이건 기대고 산다는 건 축복입니다. 우리는 가끔씩 자신이 기대어 살고 있는 대상을 망각하곤 합니다. 오늘의 내 '기댈 이'는 누구이고 무엇일까? 화두입니다. 오늘은 내게 소중한 것을 찾아보는 하루 되십시오.

임산부와 꽃의 공통점

비가 촉촉하게 내리는 날입니다.

천지에 피어났던 벚꽃이 다 떨어질까 봐 걱정입니다. 그런데 우리가 보고 즐기고 예뻐하는 꽃들은 모든 식물이 산고 끝에 맺은 결실이라고 합니다. 꽃을 피워 유전자를 날리고 열매를 맺을 준비를 하는 것이니 사람으로 치면 산고인 듯합니다.

동물이건 식물이건 후세를 이어가는 일은 거룩한 아픔을 수반하나 봅니다. 아이를 가진 임산부가 아름다운 것도 현란한 각종 꽃들과 다르지 않다고 생각하니 꽃을 조금 다른 각도에서 보기 시작합니다.

그래도 아름다움 그 자체를 즐겨야 되겠습니다. 비가 내리려고 온몸이 이리 찌뿌둣했나 봅니다. 어느 순간부터 소리 없이 삭신이 아파졌다는 어머니 말씀이 생각납니다. 얼른 기운차게 길을 나서고 머릿속에서 오늘 할 일만 생각하면 아픔을 느낄 시간도 없을 것입니다.

강냉이 아저씨

오늘 저는 장거리 여행을 떠납니다. 지방에 사는 혈육 같은 친구를 만나 오랜만에 식사를 하고 한동안 못했던 이야기를 실컷 할 겁니다. 우리들만 공유하는 대화목록이 있거든요. 그럭저럭 살아가는 이야기긴 하지만요.

하루는 낚시터에서 밤하늘의 별을 볼 겁니다. 산을 품은 강을 깔고 앉아 흐르는 세월을 하염없이 보내고 서서히 저무는 석양에서 관용의 미덕을 배워볼까 합니다.

엊저녁 방송을 마치고 귀가해 아내와 식사를 하는데 어떤 분이 팬이라며 반갑게 악수를 청했습니다. 그분은 사이다 한 병을 우리 테이블로 보내왔고 거절하는 것도 도리가 아닌 것 같아서 받았습니다. 차림

새로 봐서는 결코 풍족한 형편은 아닌 것 같았습니다. 그가 식당을 먼저 나서며 아내에게 쪽지를 주었습니다. "이건 사모님께 드려야지" 하면서요. 엉겁결에 쪽지를 받은 아내의 눈빛이 흔들리는 걸 봤습니다.

> "존경하는 형사 과장님!!(전직)
> 저는 이곳 근방에서 뻥튀기 하는 이○○라는 사람입니다. 매일 좋은 방송 감사합니다. 항상 어려운 사람, 불쌍한 사람들의 자리에서 말씀하시는 그 멘트 사랑합니다. 강냉이 필요하시면 전화하세요.
> 010-0000-0000"

사람이 사는 일이 이렇습니다. 아픈 자에게 영혼을 담은 말은 아닐지라도 같이 아파하는 모습을 보여주어야 합니다. 얼굴에 드러나겠지만요. 이만하면 저 잘 살고 있나요? 그분에게 감사하며 강냉이 필요하신 분은 연락주시면 제가 사다드리겠습니다. 당분간 강냉이 뻥튀기 배달꾼이 되어야 할 것 같습니다.

비움과 채움이 있는 삶

그 사람이 가치가 있는 건 존재를 증명하기 때문 아닐까요? 어제 전원주 선생님과 같이 방송을 했습니다. 몇 마디 말은 하지 않았지만 버티고 앉아 있는 것만으로도 충분히 그 자리에 있어야 한다고 느껴졌습니다. 평상의 모습에서 그가 살아온 길이 느껴져야 향기로운 사람입니다. 자신만이 가지는 신념과 철학을 평생 잊지 않고 실천하는 사람은 절대 흔치 않거든요. 그 과정에서 얼마나 좌절과 역경을 견뎌왔을지 보이거든요. 말하지 아니 해도.

젊은 날 자신이 택한 길에서 엄청난 후회도 했고 종국에는 모든 걸 포기해버리자는 생각이 들었는데 희한하게 포기하고 놓아버리니 성자처럼 포용하는 마음이 생기더라고 했습니다. 그리고 놓아버리니 채워지기 시작했다 합니다. 대중들의 눈에는 보이는 것인가 봅니다. 욕심과 탐욕으로 그윽한 눈빛을 구사하고 있는지 텅 비어 스펀지처럼 작은 성의에도 감동할 사람인지.

무엇인가 약간은 허술한 사람이 되십시오. 월요일을 힘들게 시작하겠지만 며칠 후 꼭 채웠어야 할 것들을 채웠다고 즐거워하시기 바랍니다. 이번 주가 인생에서 진정 중요했던 시기처럼 여겨지도록.

낚시터 단상

낚시터에서 하루를 보냈습니다. 하룻밤 동안 맑은 공기와 산을 품은 물과 물가를 유영하는 반딧불이를 봤습니다. 새벽녘에는 이슬에 날개가 무거워진 나비가 물에 추락했다가 전력을 다해 솟구치기를 일곱 번 정도 되풀이하다가 결국은 힘없이 물 위로 떨어지고 마는 모습도 보았습니다. 끝까지 솟구쳐 올라 무사히 뭍으로 나가기를 기원하며 지켜보았는데 역부족이었나 봅니다. 그래도 최선을 다한 비상을 지켜보아서 많이 슬프지는 않았습니다. 급기야 자연의 품으로 돌아가는 것을 목도한 거지요.

언젠가는 돌아갈 곳으로 강물을 따라 유유히 흘러가는 모습이었습니다. 갈 때는 어차피 혼자란 사실도 알았습니다. 많이 조바심 내지 않고 살아야 되겠습니다. 돌이켜보니 다 가진 놈이 조바심 천국처럼 살고 있습니다. 혈혈단신 맨몸으로 왔다가 할 짓 못할 짓 다해보고 돌아가는 인생이 무에 그리 서럽겠습니까. 이 강을 벗어나면 땅 위를 흐르는 배처럼 노를 저어 조만간 아내와 딸이 잠들고 있는 집으로 귀환하는 것입니다. 거기에 뭉텅 배어 물은 내 인생도 버무려져 면면히 숨 쉬고 있을 테니까요. 날갯짓 하나로 지구 저편에 태풍을 일으킨 나비의 일생도 공부였습니다.

60세 생일의 다짐

올해가 특별히 의미 있는 데는 여러 가지 이유가 있습니다. 제가 현직에 있었다면 직장 생활의 마지막 해가 되었을 것이고 인생이 한 바퀴를 도는 60세를 맞이하는 해거든요. 아직도 마음속엔 젊은 피가 끓고 있다고 생각했는데 인위적인 나이는 정확히 오늘부로 60세입니다. 산악인으로 전락한 친구들과 과거만 바라보며 세월을 죽이는 친구들이 많지만 저에게는 아직도 일이 있고 정신없이 팽팽 돌아가는 긴장감이 여전히 존재한다니 이건 기적입니다. 물론 다분히 60세 이후의 삶을 가늠한 준비가 용케, 감사하게 작용하고 있고 운도 특별하게 따라준 것은 분명합니다. 좀 더 일하라는 신의 뜻도 있겠고요. 65세부터 노인의 반열에 든다 하니 아직은 장년입니다. 남은 5년의 장년생활은 지금까지보다는 확실히 보람이 있고 무엇보다 나누는 삶이어야 할 것입니다. 많이 생각하고 많이 고민하며 장년의 끝을 유지하겠습니다.

오늘은 온 가족들이 모이는 날입니다. 점심 한 끼 한다고 합니다. 사실은 어머니 산소에 가서 풀도 뜯고 어머니랑 두런두런 대화도 하고 와야 하는 날입니다. 옆에 계시는 아버지께도 자랑질도 하고 어머니랑 싸우지 마시라고 잔소리도 해야 됩니다. 허망한 세월 앞에 저리 이 땅의 조그마한 봉우리가 되어 어쩌면 자식들의 방문을 목 빠지게 기다릴지도 모르는 부모님! 제가 오늘부로 60세입니다. 최선을 다하고 무엇보다 남들에게 피해주지 않고 나눔을 실천하는 삶을 유지할 수 있게 도와주십시오.

어머니, 아버지! 휴일 잘 보내고 계시죠? 아직은 저녁을 수놓는 노을을 좋아하면 안 되는데 볼 때마다 좋아서 올려다봅니다. 내일, 여전히 일상이라는 만남의 장소에서 인연을 쌓을 것입니다.

후회

엊저녁에는 방송을 마치고 전철역에서 내리자마자 아내와 인근에 사는 손위 처남에게 전화해서 감자탕집으로 직행했습니다. 소주 몇 병에 잡다한 수다를 떨고 귀가했는데 체력소모가 많았는지 딸이 귀가하는 것도 못보고 잠이 들었습니다. 어떻게든 기다렸다가 자는 편인데 아주 피곤했던 모양입니다. 조만간 제 짝을 찾아갈 아이라서 같이 보내는 시간도 늘려야 하는데 잘 안 되니 안타깝습니다.

어느새 딸 바보가 되었습니다. 아내에게도 그렇고 32년의 경찰살이가 남긴 후유증이 큽니다. 한참 뛰어다니던 강력형사 시절에는 새벽에 나오고 새벽에 귀가하는 날이 거의 전부여서 특히 딸의 잠자는 얼굴만 봤습니다.

딸이 말을 한창 배울 때! 진짜 오랜만에 귀가해 딸의 얼굴을 봤는데 막 도망을 치며 "아찌"라고 부를 때는 너무 가슴이 아팠습니다. 그 후 틈틈이 시간을 내서 그 당시 유행하던 '미미인형'을 한 개씩 사다주곤 했습니다. 아마 그 당시 딸의 또래 중에서 '미미인형'을 가장 많이 가지고 있던 아이는 우리 딸이었을 겁니다. '미미인형'이 아빠를 대신할 수는 없었겠지만, 지금도 그 생각을 하면 가슴 한편에서 뻐근한 통증이 느껴지곤 합니다.

그런 걸 지켜보던 아내의 마음도 얼마나 아팠을지 짐작해봅니다. 최선을 다해도 후회가 남는 게 가족관계이거늘 저는 긴 시간 범죄사건과 결혼을 했던 겁니다. 후회는 하지 않지만 후회도 있으니…. 이게 무슨 말인지 모르겠습니다. 지금부터라도 가능하면 같이 하는 시간을 만들고자 하는데 여건이 호락호락하지 않습니다. 후회하면 늦었다고 하지만 많이 후회도 하렵니다. 이 세상에 숨이 붙어 있는 한 늦은 건 없으니까요!

내 아이들에게!

먼저 우리 아이들의 결혼을 축하해주시기 위해서 이 자리에 참석하신 친인척, 지인 여러분들께 진심으로 감사드립니다.

저는 신부 경선이의 아빠 김복준입니다. 주례가 없는 결혼식인 관계로 제가 축사를 하게 되었는데 이게 만만치가 않습니다. 그동안 제자들이나 다른 사람들 주례는 꽤 해봤는데 그때보다 훨씬 어려운 것 같습니다. 고민을 하다가 그냥 느낀 대로 쓰기로 했습니다.

오늘은 우리 아이들 말고도 우리 부부, 준호 부모님에게도 아주 특별한 날입니다. 공교롭게 일부러 맞추려고 한 것도 아닌데, 우리 부부와 사돈부부의 결혼기념일입니다. 이런 인연도 있다는 게 희한할 뿐입니다. 앞으로 세 가정이 결혼기념일을 동시에 맞이할 것 같습니다.

사설이 길었습니다. 두서없지만 지금부터 그 생각들을 읽어볼까 합니다. 우리 딸 경선이는 비가 엄청나게 와서 대한민국 전체가 홍수로 난리가 났었던 날 태어났습니다. 전국의 댐들을 개방하게 되면 한강이 범람할 우려가 있어 정부에서 대책 마련에 전전긍긍하던 때였습니다. 그때 저는 동두천 쪽에서 근무를 하고 있었는데 주민들 대피를 위해서 비상근무로 집을 비웠었습니다. 그때 아내가 아이를 출산해야 된다는 사실을 알고는 있었지만 공직자로서 개인의 일 때문에 집으로 갈 수는 없었습니다. 결국 아내는 남산만 한 배를 하고 혼자서 버스를 타고 서울로 가서 입원을 하고 경선이를 낳았습니다. 저는 이틀이 지난 후, 어느 정도 물난리가 진정된 다음에야 서울로 가서 처음으로 우리 경선이를 만났습니다.

지금도 잊혀지지 않습니다. 까만 눈을 가진 경선이가 빤히 저를 쳐다보는데 왜 그리 눈물이 나던지. 아빠로서, 남편으로서의 역할을 제대로 하지 못했다는 자괴감과 미안함이 동시에 몰려와 얼른 자리를 피했던 기억이 납니다.

그래서 그때 나름대로 결심을 했습니다. 어떤 일이 있어도 아빠로서, 남편으로서의 역할을 절대 소홀히 하지 않으리라. 끝까지 책임을 지는 가장의 모습을 보여주리라 하고 말입니다. 그 후로도 저는 일에 매달려 사느라고 아이를 제대로 한 번 안아주지 못했지만 우리 경선이는 참 잘 자라주었습니다. 아주 극성스럽게 말이죠.

초등학교 5학년 때는 전교부회장에 출마한다고 했습니다. 그러려니

했습니다. 6학년 언니와 호흡을 맞추면 문제가 없을 것이라고 봤기 때문입니다. 그런데 6학년이 되자 이제는 전교 회장에 출마한다고 했습니다. 그 학교는 전교생이 수천 명에 이르는 큰 학교여서 4학년 이상만 투표를 하는데 개교 이래 여학생이 전교회장에 도전한 적은 없다고 했습니다. 선생님들도 적지 않게 당황한 것 같았고, 사실상 어렵지 않겠냐는 말이 많았던 데다가 저도 걱정이 많았습니다. 아이가 낙선하고 나면 상처가 될까봐서 말입니다. 적당히 만류도 해봤지만, 워낙 본인의 의지가 강해서 허락을 했습니다. 그런데 생각보다 야무지게 선거운동을 하는 것을 볼 수 있었습니다. 꼭두새벽에 일어나서 학교 정문 앞에서 들고 있을 피켓을 만들고, 전단지를 부지런히 그리고, 연설문을 수없이 고쳐가면서 매달리는 모습이 예사롭지 않았거든요.

한번은 학교 가는 딸을 몰래 따라가봤습니다. 과연 학교 정문 앞에서 어떤 태도로 학우들을 만나고 어떻게 지지를 부탁하는지 보고 싶었습니다. 멀찌감치 떨어져 어떻게 하는지 보았습니다. 유난히 비쩍 마르고 키가 큰 우리 경선이가 소리를 벅벅 지르면서 자신의 이름을 연호하고 피켓을 흔들면서 선거운동을 하는데 웃기기도 하고 한편으론 대견하기도 했습니다. 그렇게 투표가 끝나고 우리 경선이가 전교회장으로 당선되었다는 말은 근무 중에 들었습니다. 그런데 그때도 공교롭게 관내에서 강력사건이 발생해서 당일 집으로 갈 수 없었고 다음날에야 축하할 수밖에 없었습니다. 특별한 직업을 가진 아빠를 둔 우리 딸의 슬픔이기도 했을 겁니다.

우리 경선이는 '계집애'라는 말을 아주 싫어합니다. 자기 스스로 남자들과 견주어도 절대 뒤지지 않을 수 있다고 믿고 있었고, 실제로도 단 한 번도 여자라서 안 된다는 생각은 하지 않는 아이입니다. 그런 우리 경선이가 준호를 만나서(사실 길게도 만나지 않은 것 같은데) 눈에 콩깍지가 씌었는지 결혼을 한다고 합니다. 이래서 인연이라는 말이 있는가 봅니다.

돌이켜보니 참으로 세월이 유수 같이 흘렀습니다. 우리 딸 경선이가 벌써 나이 서른을 넘어 결혼을 하고 내 집을 나서겠다고 하니 말입니다. 어느 부모나 그렇겠지만 자식은 아무리 나이가 들어도 아이입니다. 늘 불안하고 하는 일마다 늘 시원치 않습니다. 매일같이 불안하고 매일같이 걱정이 됩니다.

그런 우리 딸 경선이를 이제 보내야 합니다. 이제는 더 이상 늦은 저녁 제 방에서 잠자는 아이의 모습을 볼 수도 없을 것입니다. 아침, 저녁으로 "아빠 다녀오세요, 다녀왔습니다" 하는 말을 듣지도 못할 것입니다.

당분간 아이의 빈자리가 클 것입니다. 그렇지만 언젠가는 보내야 하는 게 순리고, 사람이 사는 이치가 아니겠습니까? 언제까지 끌어안고 살 수는 없으니까요. 새로운 가정이 탄생하고 아이들이 또 아이를 낳고 그렇게 면면히 이어지는 것이 사람이 살아가는 일이니까요.

이제 제가 바라는 것은 하나도 없습니다. 지금까지 나 자신을 위해서, 아니 우리 부부, 우리 가족을 위해서 살아왔다면, 이제부터는 우리 딸 경선이와 이제는 내 아들이 된 준호가 행복하게 알콩달콩 사는 모습을 보는 것이 바라는 전부입니다. 둘이 서로 사랑하고 갈등없이 그저 아이 잘 낳고 행복하게 사는 모습을 보는 것이 제 인생의 성공 여부를 결정할지도 모릅니다. 반드시 그래야 하고 그럴 것을 믿습니다.

두서없이 말씀드리다보니 사설이 길었습니다. 아, 그리고 제게 듬직한 아들을 선사해준 준호 부모님께도 감사를 드립니다. 아이들은 모두 외동아들과 외동딸로 자랐지만, 양가 모두에게 아들을 주고 딸을 주는 혈연으로 뭉치게 했습니다. 아이들을 통해서 비로소 한 가족이 되었습니다. 저는 아들을 얻고 사돈댁은 딸을 얻은 것입니다.

끝으로 아이들에게도 한마디 하겠습니다. 준호야, 경선아. 그저 사랑하고 이해하고 돌봐주면서 늘 둘이라는 마음으로 행복하게 살아주기를 아빠가 진심으로 바란다. 그리고 언제나 너희들 옆에는 부모들이 있다는 사실도 잊지 말거라. 언제든지 달려오고 언제든지 요구하거라.

다시 한번, 오늘 우리 아이들의 결혼식을 축하해주시기 위해서 왕림해주신 하객 여러분께 감사를 드리며 축사를 마치겠습니다.

감사합니다.

2017년 1월 22일

경선이 아빠 김복준 올림.

가족이라는 우주

문득 잠자고 있는 아내와 자식을 보면서 울컥한 날이 있죠? 한줌 구겨져 어찌 그리 조그마한지. 내가 걸어온 세월의 무게를 온몸으로 받으며 저리 옆에서 머물고 있구나 하고 말입니다. 내 역사와 인생이 투영된 그들의 삶은 어쩌다 묶음으로 이 지구상 끝자락에서 인연으로 만났을까요?

자식은 신비입니다. 작은 우주가 운 좋게 내게 와준 것입니다. 아내와 나, 우리가 어느 순간 문득 빚어낸 또 다른 세상입니다. 숨을 불어넣어 날개를 심었으니 급기야 날아갈 것입니다. 또 다른 우주를 창출하기 위해서. 요즈음 부쩍 잦아진 날갯짓을 보면 헤어짐을 예감합니다. 불길하지 않은 예감입니다. 나누어 숨 쉬어도 하나인 우리는 또 둘이라서 든든합니다. 지난한 세월의 막바지를 뜯어먹어도 전혀 서글프지 않아서 행복한 나는 바보라도 좋습니다.

여전히 태양은 뜨고 거친 바람이 단련을 주어 숨 쉬고 있음에야 무엇인들 두렵겠습니까. 내 나이 즈음에.

우리 모두 늙습니다

어제 모 아파트에서 단지 내 보도블록을 보수하면서 비용을 절감하기 위해 나이 드신 경비원분들을 동원한다는 보도가 있었습니다. 바깥 기온이 33도를 넘나드는 폭염 속에서 65세를 훌쩍 넘은 분들이 양동이에 물을 나르고 삽으로 콘크리트를 비비고, 보도블록을 손으로 맞추는 모습에 가슴이 아려왔습니다. 물론 그 아파트 전체 주민들의 의사는 아니었겠지만 그 모습을 아무렇지 않게 보고 무심히 지나쳤다면 비난의 범주에서 벗어나기 어려울 것입니다.

오늘날의 풍요는 나이 드신 분들의 자기희생 위에서 구축되었습니다. 자기의 인생 드라마에서 자신은 없는 세상을 살아오신 분들입니다. 그분들을 우리가 지금 홀대하고 있는 것입니다. 물론 '노슬아치'라는 비난을 받을 정도로 문제가 있는 노년들이 없는 것은 아닙니다. 그런데 그마저 한 많은 세상, 지나고 나니 너무 허무해서 세상을 향해 어깃장 한번 부려보는 걸로 생각하면 안 될까요?

노년들의 모습을 보며 이 나라가 서글퍼지는 것은 왜일까요? 이번 주말에 틈이 나면, 부모님께서 혹시 살아 계시다면, 모시고 목욕탕에 가서 등을 밀어 드리십시오. 아마, 그날 저녁 앙상하고 굽은 어깨가 한 줌도 안 되어 보여서 너무 아파서 꺼이꺼이 울지도 모릅니다! 우리 모두 늙습니다!

복 요리와 돼지갈비

친구의 딸이 사위와 같이 와서 식사를 하자고 하더랍니다. 무엇을 드시고 싶으냐고 묻기에 순식간에 본인이 좋아하던 음식인 복요리를 외쳤다고 합니다. 그런데 막상 딸과 사위의 얼굴을 보니 너무 비싸단 생각이 들어 얼른 말을 바꾸었답니다.

"그런데 오늘은 돼지갈비가 더 먹고 싶다"라고.

아내가 세상을 하직했고 홀로 딸을 키워서 시집을 보냈는데 사위가 운이 없게도 결혼 후 얼마 되지 않아 실직을 했답니다. 그날 돼지갈비를 실컷 먹고 기분 좋게 귀가를 했답니다. 그리고 며칠 후 볼일을 보고 오던 중 자신이 단골로 다니던 복요리 집을 지나치는데 딸과 사위가 나오는 게 보이더랍니다. 순간적으로 전봇대 뒤로 숨었고 딸 부부가 차를 끌고 출발하는 모습을 보고서야 비로소 전봇대 뒤에서 나왔다고 합니다.

그 집은 친구가 자주 찾는 단골집이었고 따라서 딸이 결혼하기 전에도 수없이 데려가 외식을 하던 곳이라 합니다. 딸은 아버지가 복요리를 좋아하는 것도 당연히 알겠지요.

그 후로 그 친구는 변해버렸습니다. 무엇이든 제일 비싼 것, 좀 나은 것을 먹거나 사려고 애를 씁니다. 아니 거의 집착합니다. 다 필요 없다고 그저 편하게 할 것 다하고 살자고 제게도 말합니다. 그 친구에게 한마디 했습니다.

"그렇게 하니 뭐가 달라지더냐? 음식이 무지 맛있더냐? 순전히 어깃장에 불과하다. 일부러 그렇게 하는 게 더 힘들다. 차라리 섭섭했다고 이야기를 하고 결과가 어찌되건 잊어라"라고.

우리가 부모님께 그리했듯 또 아이들도 그리하고 세상은 돌고 도는 것입니다. 알았을 때는 항상 한걸음 늦습니다. 그날 밤 밤새 펑펑 울었다는 그 친구의 말이 이상하게 오늘 아침에 생각납니다. 형만 한 아우도 없고 부모의 사랑보다 깊은 것 또한 없으며 늘 부모가 돼야 부모를 안다는 진리가 서글픕니다.

늙은 잠자리

늙은 잠자리 한 마리가 낚시를 하는 내내 주변을 맴돌았습니다. 어떤 때는 받침대 위에 앉고 또 잠시 후에는 내 발 끝에 앉기도 합니다. 등 뒤로는 밤나무 숲이 만든 짙은 그늘이 있고 이른 아침 풀잎에 맺힌 이슬도 풍부하거늘 망망한 저수지를 앞에 두고 왜 저리 맴도는지 이해할 수 없었습니다.

늙은 잠자리라고 말할 수 있는 건 날개를 보았기 때문입니다. 오랜 세월 얼마나 날았는지 여기저기 뜯겨나간 흔적 때문에 아무리 봐도 허공을 힘차게 비행하던 윤기 나던 날개는 아니었거든요. 뉘엿하게 해가 넘어가고 서서히 하늘이 우거질 때쯤 약속이나 한 듯 잠자리들이 저수지로 곤두박질치기 시작했습니다. 점점이 어디서 나타났는지 수많은 잠자리 떼가 순번을 정한 듯 수면을 향해 돌진하고는 바람에 이는 물결을 따라 떠다니며 푸드득! 서너 번의 날갯짓을 하곤 이내 잠잠해졌습니다. 어디서 이 많은 잠자리들이 나타나서 단체로 군무를 하듯 저리 수면과 어우러진 퍼포먼스를 하고 사라져가는 걸까요?

낚시를 마치고 귀가하는 내내 궁금했습니다. 그렇지만 생각하지 않기로 했습니다. 그게 잠자리의 생이라면 그들의 일생을 파헤치는 것도 예의는 아닌 듯싶어서요. 다만 날개가 뜯기고 동작이 무디었던 흐리고 탁한 눈의 늙은 잠자리의 모습은 가슴에 남아 있습니다.

귀향

빌어먹을 자식

비는 모질게도 내리는데

너는 왜

붉은 땅 위에 두 다리를 뻗대고

드러누워

한 쪽 눈으로 무엇을 보는 게냐

옆구리에 아무렇게나 나뒹구는

화이버

그 속에 또아리를 튼 양말은

이제

체온마저 없구나
주인을 잃으면 모든 게
그렇다더만

맑은 날
산은 아무나 반길 줄만 안다는데
집 나온 지
두 해 반 만에
한쪽 눈엔 아내를 담고
감은 눈엔 금쪽같던 자식을 숨겼더냐

너 같은 인생이 있지만
비 내리는 오늘
나 같은 인생도 있단다
빈손으로 가는 게 인생이라지만
움켜쥔 네 손엔
인생의 무게가 힘겹구나
지직거리는 향불과 마분지가
비에
젖고 있다

:: 늘 사건 현장에 가면 마분지를 깔고 향을 피웠습니다. 억울한 죽음이면 내가 반드시 잡아서 처벌해준다고 약속했었습니다.

死者와 만나다

운동을 안 한 지 약 3년이 흘렀습니다. 늘 습관처럼 운동을 하던 몸이라서 운동을 하지 않으면 병치레를 하는 체질이었건만, 몸도 이젠 적응이 되었는지 별다른 탈이 없습니다. 3년간 먹고 마시고 놀다보니 몸무게가 10킬로그램 이상 불었고, 뭐라고 딱히 말할 순 없어도 이것저것 기능에서 이상 증세를 보이기도 합니다. 더구나 집에서 아내는 내 뱃살을 보며 임신 몇 개월째냐며 놀리는데 어찌 그것이 남편의 몸 상태만 보고 그런 것이겠습니까. 남편이 남편다워야 하는데 도대체 하는 짓이 부실하기 그지없을 테니 불만을 그런 식으로라도 표출할 수밖에 없을 것이겠죠. 결론이 그쯤에 이르면 나이 먹은 남자들은 좀 서글퍼집니다.

오늘은 큰 결심을 했습니다. 그동안 그만두었던 스쿼시를 다시 시작하기로 한 것이죠. 본디 스쿼시란 운동이 영국의 교도소에서 재소자들이 운동 부족을 해소하기 위해 만든 스포츠입니다. 경기 룰은 조그만 공을 나무판자로 때려서 벽을 맞고 튀어나오는 것을 원바운드 이내에서 다시 치면 됩니다. 물론 운동량이 엄청납니다. 다른 운동에 비해 같은 시간에 최소 서너 배 이상의 칼로리를 소모시키는 격렬함 덕분에 살을 빼는 데는 더없이 좋은 운동입니다. 이런 스쿼시를 열심히 하고도 살이 찐다면 그 사람은 분명히 정상이 아니고 어떤 병을 앓고 있다고 봐야 할 것입니다.

예전에 스쿼시를 할 때만 해도 80킬로그램대를 유지했었고, 걸음걸이 자체가 사뿐사뿐해 부러운 것이 없었습니다. 그런데 고질병인 디스크가 재발하면서 3년간을 먹고 마시는 데 허비한 것이 치명적이었습니다. 그리하여 다시금 마음을 독하게 먹었습니다. 디스크도 그럭저럭 나은 것 같고 이제 운동을 어느 정도는 시작해도 될 것 같아 동네에 있는 스쿼시장을 찾았고 거금을 들여 3개월치 회원권을 끊었습니다. 모처럼 15점짜리 한 게임을 했는데, 물론 숨이 턱턱 막혀오고 가슴이 터질 것 같은 통증을 느끼면서 다시 한 번 몸 상태를 절감해야 했지만요.

"오냐, 내가 끝까지 해볼 테다. 예전의 나로 돌아간다. 나는 스트롱맨이 된다."

자기 최면까지 걸어가며 오랜만에 뛰어서 흐른 땀을 생각하니 금세라도 건강 상태가 호전되는 것 같았습니다. 가뿐한 몸으로 샤워를 하고 의기양양하게 집으로 돌아와 야간 근무를 위해서 출근을 했습니다. 직장에 출근했을 때까지는 좋았습니다. 그런데 그 지독한 디스크는 역시 나를 편히 놔두질 않았습니다. 좌측 허리에서 뻐근한 느낌이 오더니 급기야는 걸음을 제대로 걸을 수 없을 만큼 격렬한 통증이 수반되고 결국은 드러눕고 말았습니다. 이제는 응급조치를 해야 됩니다. 방법은 단 하나뿐이죠. 힘들어도 우선 신속히 목욕탕에 가서 찜질을 하는 것입니다. 그리고 내일 병원이 문을 열자마자 찾아가서 치료를 받아야 합니다. 줄잡아 7일간은 엉거주춤하게 엉덩이를 뒤로 쭉 빼고 어기적어기적 걷다보면 또 어느 순간 언제 그랬냐는 듯이 나을 것이고 남들은 "에이! 또 꾀병이야" 할 것입니다.

목욕탕을 찾았습니다. 파출소에서 약 300여 미터가량 떨어진 곳에 명수장이라는 동네 목욕탕이 하나 있습니다. 전체 평수가 30여 평 남짓이고 안에는 샤워꼭지가 정확히 14개 있고, 약 4평 규모의 온탕과 한 사람이 들어가면 딱 맞는 1평가량의 열탕이 있습니다. 그리고 가장 중요한 4평가량의 열기실, 이른바 사우나 시설이 있고, 사우나 문 앞에 3평가량의 냉탕이 있습니다.

시설은 비록 비좁고 열악하지만 물 하나는 기가 막혀 그곳에서 목욕을 하고 나면 피부에 윤기가 번지레하게 흐르곤 합니다. 그 맛에 동네 사람들이 애용하는 것인지는 몰라도 여하간 그 목욕탕은 규모에 비해 그런 대로 손님이 꽤 있는 편입니다. 주로 야간 근무를 마치고 아침에 세수도 할 겸 이틀거리로 들르는 목욕탕이고 따라서 나는 그 목욕탕의 확실한 단골손님인 셈입니다.

목욕탕은 저녁 8시까지 하는데 제가 도착한 시간은 저녁 7시 10분 경. 때를 밀 것도 아니고 찜질을 할 목적으로 간 것이어서 목욕시간은 50분 정도면 충분했습니다. 옷을 훌훌 벗어버리고 우선 열탕에 들어가 땀을 뻘뻘 흘리면서 찜질을 했습니다. 느낌만으로도 허리의 통증이 사그라지는 느낌이 들었고, 기분은 상큼해졌습니다. 열탕에서 나와 거울 앞에 서니 대형 거울에는 나름대로 기골이 장대하고 잘생긴 남자가 서 있었습니다.

아무도 없는 곳에서는 누구나 그럴 것이지만 팔에 힘을 주어 알통도 확인해보고 몸을 이리저리 돌려가며 감상을 하고 무엇보다 아랫도리를 유심히 살피게 됩니다. 그런 대로 아직은 쓸 만한 것들을 구비하고 있다고 생각이 들었습니다. 혼자서 아내에게 중얼거렸죠.

"넌, 진짜 괜찮은 남자랑 사는 거야, 어디 하나 못난 데가 있니? 단지 허리 땜에 운동을 못해서 배가 좀 나와 그렇지, 그리고 배가 나오니까 적시에 중요한 구실을 피해서 그렇지, 뭐 이만하면 괜찮은 남자 아니냐? 기다려라, 오늘부터 운동 열심히 해서 살도 좀 빼고 탄력 있는 야생마로 다시 태어나 몸과 마음을 모두 만족하게 해줄 테니, 히히히."

그러고는 열기실로 들어갔습니다. 폐로 들어오는 열기에 숨이 턱 막힙니다. 그 목욕탕의 열기실은 다소 좁은 공간이기 때문에 뜨겁기로는 어디 못지않습니다. 여느 열기실과 마찬가지로 모래시계도 하나 구비되어 있습니다. 그곳의 세신사 말로는 5분짜리라고 하지만 제가 측정

한 바에 의하면 정확히 4분 22초면 다시 뒤집어야 합니다. 물론 숨이 턱턱 막히는 열기실에서 4분 22초를 견디는 것도 결코 쉬운 일은 아닙니다. 사실 대부분의 남자들은 모래시계가 한 번 비워지는 것도 참지 못합니다. 불과 얼마 전까지만 해도 나 역시 절대 모래시계를 비우지 못했습니다. 몇 번을 도전하고 각고의 노력 끝에 최근에서야 겨우 모래시계를 비울 수 있게 되었습니다. 그래도 모래시계가 거의 다 비워질 무렵이 되면 머리를 쥐어뜯고 '앉았다, 일어섰다'를 반복하며 참다가 곧바로 문을 열고 뛰쳐나가 문 앞에 있는 냉탕으로 다이빙을 하곤 합니다. 오늘도 예외는 아니었습니다. 모래시계가 완전히 비워지기를 기다리며 '일어섰다, 앉았다'를 하며 눈을 부릅뜨고 기다리다가 모두 비워진 모래시계를 확인하고는 문을 박차고 나가 냉탕으로 다이빙을 해버렸죠.

오늘은 눈치를 볼 일도 없습니다. 냉탕에서 물장구를 쳐도 누가 뭐라고 할 사람은 없었으니까요. 세신사도 이발사도 없으니 굳이 흘린 땀을 씻고 냉탕으로 들어가지 않아도 됩니다. 그동안 열기실을 뛰쳐나와 냉탕으로 곧바로 뛰어 들었다가 세신사의 말 없는 눈총을 몇 번이나 맞았던가요. 열기실과 냉탕을 반복하면 무엇이 좋은지는 익히 아는 사람들은 다 압니다. 고환이 뜨거워졌다 차가워지기를 반복하면서 수축운동을 하는 것이 그렇게 정력에 좋다는 것이 아닙니까. 물론 그 효능을 확실하게 느꼈다고 내놓고 말하는 사람은 본 적이 없습니다. 다만 남탕에 그런 속설이 있는 것은 사실입니다.

이내 다시 열기실로 들어갔습니다. 차가운 냉탕에서 나와 열기실로 들어가면 뜨거운 기운을 순간적으로는 전혀 느끼지 못합니다. 다만 피부의 땀구멍이 좁아졌다 다시 확장하는 느낌, 즉 피부가 뜨끔뜨끔하다는 느낌이 들기는 합니다. 다시 모래시계를 찾았습니다. 뒤집어 놓아야 또 시간을 맞출 수 있으니까요. 그런데, 어렵쇼. 조금 전까지도 분명히 나 혼자였는데 열기실 한편에 50대가 넘어 보이는 바짝 야윈 남자가 웅크리고 앉아 사우나를 하고 있는 것이 아니겠습니까. 바로 열기실 문 앞 냉탕에서 제가 물장구를 치고 돌아왔는데, 어느새 이 사람이 들어왔단 말인가요. 그 남자의 얼굴은 희미한 열기실 불빛 아래서도 창백했습니다. 아니 창백하다 못해 푸르스름한 기운마저 돌았습니다. 이제부터는 조금 주의를 해야 됩니다. 나 혼자가 아니기 때문이죠. 다행인 것은 그 남자는 조금 전 제가 대형 거울 앞에서 연출한 모노드라마를 보진 못한 것 같습니다. 어색한 분위기를 돌려보려고 그 남자에게 먼저 인사를 했습니다.

"목욕탕이 거의 끝나가는 시간인데 지금 오셨어요? 사람들이 없으니 한갓지고 좋긴 하지요?"

"……"

그 남자는 미동도 않고 제 쪽은 쳐다보지도 않고 대답도 하지 않았습니다. 기분이 나빠졌습니다. '자식, 말하기 싫으면 관둬라' 하고 속으로 뇌까리며 숫자를 세기 시작했습니다. "하나, 둘, 셋 ……." 가끔 모래들이 막혀 모래시계가 제 역할을 못하는 경우가 있는데 지금이 바로 그런 경우 같았습니다. 빨리 모래가 비워지기를 바라며 속으로 1,000을 헤아렸는데 여전히 중간쯤에 그대로 있는 것이었습니다.

대개 남자들은 모래시계를 뒤집어 놓고 절반에 가까워지면 몸을 일으킵니다. 그리고 그때부터 모래시계를 쳐다보지 않습니다. 모래시계를 쳐다보고 있으면 도무지 모래가 비워지지 않는 것 같기 때문이죠. 그래서 나 같은 경우는 주로 '일어섰다, 앉았다'를 반복하며 이쯤이면 비워졌겠다 싶을 때 모래시계를 확인하고 '땡' 하는 순간 뛰쳐나갈 준비를 합니다. 그런데 이상하게 오늘은 모래시계가 정확히 절반 남은 상태에서 고정된 것 같아 모래시계를 들어보았습니다. 모래시계를 이리저리 흔들고 있는데, 그 남자가 나를 쳐다보지도 않고 한마디 합니다.

"어이, 모래시계 내려놔."

"뭐요? 고장이 난 것 같은데, 모래가 내려가질 않는데."

그 남자의 목소리는 낮고 쉬어 썩 좋지 않는 느낌을 주었습니다. 그의 말대로 모래시계를 내려놓고 가만히 생각을 하니 기분이 썩 좋지 않았습니다.

"아저씨, 근데 말이요, 왜 나한테 반말이요? 나도 나이가 내일 모레면 오십인데."

"……"

다분히 시비조로 그 남자에게 따졌으나 그 남자는 여전히 나를 돌아보지도 않고 그냥 그 자세 그대로 웅크리고 앉아 있었습니다. 재차 시비를 걸었습니다.

“어이, 아저씨. 당신 귀머거리야, 왜 처음 보는 사람에게 반말이야, 반말이. 당신 나 알아? 본 적 있어? 어디서 함부로 아무에게나 반말을 하고 그래?”

제 보챔에 그가 대답을 했습니다.

“나? 난 21년 전에 죽은 사람이야, 그러니까 일흔여섯 살이야. 그리고 모래시계 함부로 만지지 마, 내 거야. 여기 있는 모든 물건들, 전부 내가 만들고 내가 갖다 놓은 거야.”

“뭐요? 당신이 일흔여섯 살이라고? 그래도 그렇지, 처음 보는 사람에게 반말을 하면 안 되지.”

그 남자는 다시 입을 닫고 웅크리고 앉아 미동도 하지 않았습니다.

“에이, 재수가 없을라니까 웬 이상한 놈이 와서 지랄이야.”

열기실을 나와 바가지에 냉수를 퍼 올려 머리에 몇 번을 뿌리고 옷을 입었습니다. 영 기분이 개운치 않았습니다. 밖으로 나오면서 졸고 있는 목욕탕 주인에게 카운터 구멍을 통해 한마디 했습니다.

“아줌마, 왜 이상한 사람을 받고 그래? 열기실에서 모래시계를 만진다고 시비하는 사람이 다 있다니까.”

“예? 손님, 손님 말고는 아무도 없을 텐데요. 손님이 들어오셔서 목욕탕 끝내고 집에 가려고 막 청소를 하려는 중이었는데요. 그리고 손님이 들어가시고 난 후 아무도 목욕탕에 들어간 사람은 없구요.”

“무슨 소리예요. 지금 열기실에 이상한 사람이 한 명 있는데. 아, 글쎄, 그 사람이 모래시계를 지가 갖다 놓은 거라면서 날 보고 만지지 말래요. 그리고 지가 21년 전에 죽은 사람이라고 하네요, 별 이상한 사람 같으니라고."

여주인이 확인을 하려는 듯 일어서는 기미가 보였고, 정말 우연히 제가 카운터 작은 틈새를 들여다보았습니다. 예상 외로 카운터 안은 겨우 한 명이 앉을 정도로 비좁았습니다. 하루 종일 여주인은 그곳에 앉아 손님의 돈을 받곤 했던 것입니다. 그런데 막 일어서는 여주인의 등 뒤로 벽에 걸린 흑백 사진이 눈에 들어왔습니다. 사진 속에는 잿빛 두루마기를 입고 단정하게 양손을 앞으로 모은 채 정면을 응시하고 있는 50세가량의 남자가 있었습니다. 그런데 어디서 본 듯한 얼굴이었습니다.

"어디서 보았을까? 낯이 많이 익은데."

순간 난 혼비백산하고 말았습니다.

"저건, 그 사람이다. 조금 전 나에게 모래시계를 만진다고 질책하던 사람, 지가 21년 전에 죽은 사람이라고 떠들던 바로 그 이상한 사람이다. 아, 아줌마, 저 사진은 누구예요? 저 사람, 바로 저 사람이 지금 목욕탕에 있는 그 사람이에요. 바로 그."

여주인이 털썩 제자리에 주저앉았습니다.

"뭐라고요? 지금 목욕탕에 저 사람이 있다고요? 저 사람은 제 남편인데, 오래전에 목욕탕 열기실 안에서 작업을 하다가 문이 열리지 않아 죽었어요. 너무 나중에 발견해 살리지 못했어요."

"아, 아줌마 그 말이 사실이에요? 정말 나 말고 목욕탕에 들어간 사람이 없었어요? 그리고 저 남자가 죽은 남편 맞아요? 으, 으아악."

:: 2005년경, 시골의 한 파출소장으로 근무할 때 인근에 좋은 목욕탕이 있었습니다. 그해 여름은 정말 더웠습니다. 더위나 달래보자고 토닥토닥 자판을 두들겨 써 두었던 픽션입니다.

불곡산佛谷山

유양리 동헌東軒 마을을 옆구리에 차고
비틀거리며 오르막 십 리
대도大盜 임꺽정을 추적해 백암사白岩寺 약수터에 다다르면
백구白狗 한 마리가 꼬리에서 살가운 번뇌를 뚝뚝 흘리며
객을 반긴다.

맨날 계집질에 세금이나 파먹는 어떤 놈팽이가
불사佛事하라고 대웅전을 짓고 있어
주지스님이 등짐지고 그 놈 집에 관음보살을 모셨다.
약수터 앞 공덕비에 이름을 올리지 않은 것도 다행이어

풍경은 부처님이 눈도 뜨지 않았는데 댕댕거린다.

상봉上峰에 이르면 양주골을 지나치는 바람들이
역적모의도 하지만
그저 풀칠이나 하고 살까나다
보리를 빻아 뱃가죽을 불리는 일이 때도 없이 엄습하는 공포를
잠재울 순 없었을 게다
동헌에서 관군의 밥 짓는 연기가 구수하다

그 길로 내쳐 산으로 돌아가
사람으로 나왔으면 다 같은 사람이라고
궤변이나 늘어놓는 서방 때문에
백주 대낮에 허연 엉덩이에 떨어지는 물볼기
한 뗏거리 보리 한 줌 없어
문드러진 엉덩이에선 피마저 인색하다

불곡산의 겨울은 황량하다

:: 불곡산: 경기도 양주시 유양동과 백석읍을 경계로 하고 있는 산으로, 높이는 460미터이며 정상에는 화강암층으로 이루어진 바위가 많고 정상에서 바라보는 양주시 일대의 경관이 아름답습니다.

16세기 이조 명종 시절에 경기와 황해도 일대를 풍미하던 백정 출신 대도 임꺽정이 이 산 정상에 근거지를 만들고 정상에서 산 아래에 있는 양주목 동헌을 내려다보며 관군의 움직임을 관찰했다고 하며, 정상에 있는 바위에 크고 작은 원형의 구멍이 여러 개 있는데 그것은 임꺽정 일당이 약탈한 보리를 빻아먹기 위해 파놓은 것이라고 합니다.

현재 양주시에서는 임꺽정의 생가터를 복원해 문화관광 자원화하고 있습니다.

신묘한 여인

제가 알고 있는 어떤 무속인은 아직 결혼을 하지 않은 39세의 여자입니다. 그녀는 158센티미터의 작은 키에 눈이 무척 크고 갸름한 턱을 가지고 있으며 비교적 균형 잡힌 몸매를 가지고 있습니다. 지방에서 대학을 졸업하고 유복한 가정에서 태어난 덕분에 일본으로 동양사를 공부하러 갔다고 합니다. 어려서부터 집안에서 귀여움을 독차지하고 살아서인지 타인을 배려하는 것에 인색한 것이 흠이라고 주변에 말을 하지만, 재물과 관련된 것은 도대체 나의 것, 남의 것이 없이 헤픈 단점(?)이 있었습니다.

그녀는 일본에서 동양사를 공부하던 중, 우연히 후지산에 올랐다가 그곳에서 자신의 운명을 바꾼 한 남성을 만났습니다. 처음 보는 그 남성은 무작정 따라오라고 부르더니 "빨리 신을 받지 않으면 당신은 올해를 넘기지 못한다"고 하더랍니다.

처음에는 "별 미친 사람을 보겠네" 하고 돌아섰는데, 그로부터 며칠 후 환상, 환청, 환각 증세가 보이기 시작하고 도저히 잠을 이루지 못할 정도가 되었다고 합니다. 일본에서 약 1년간을 거의 미친 사람처럼 살다가 한국으로 돌아와 정신치료를 3~4년가량 받았으나 차도가 보이지 않았고요. 그 사이 집안에서는 신을 받지 않기 위해 거액을 들여 수차례 굿을 했다고 합니다.

결국, 그녀는 그 남성이 말한 운명을 받아들여 아파트에 법당이란 것을 차리고 손님을 받고 있습니다. 그녀가 점을 보는 방법은 아주 특이합니다. 손님이 들어서면 갖은 욕설도 하고 떨기도 하고 당장 나가라고 소리를 지르기도 하며, 무척 가난한 사람에게 거액의 복채를 요구하기도 하고 부자에게 그냥 가라고 하기도 합니다. 심지어 복채를 받지 않기도 합니다. 어떤 때는 도무지 황당해 "왜 가난한 사람에게는 돈을 받고 부자에게는 받지 않느냐"고 물으면 "그놈은(가난한 사람) 전생에 못된 짓을 많이 해서 고생을 한참 더 해야 돼"라는 답변을 하기도 합니다.

그녀와의 인연은 참으로 묘합니다. 제가 ○○경찰서에서 근무하고 있을 때, 평소 안면이 있던 후배를 만날 일이 있었는데, 그때 그와 함께 나온 나이 든 처녀가 그녀였습니다. 그런데 대화 도중, 갑자기 정색을 하며 나를 보더니 "아저씨 곧 이동하겠네요. ○○에서 나이 어린 귀신이 아저씨를 필요로 하는군요" 하는 것이었습니다. 처음에는 농담을 하는 것으로 생각했고, "무슨 말씀을 하시는지 모르겠군요. 저는 ○○로 온 지도 며칠 안 되었거든요. 그리고 ○○은 추호도 가볼 의향이나 갈 이유가 없어요"라고 답했습니다. 그러고는 "귀신이 왜 날 부른답니까? 난 귀신하고는 거리가 먼 사람이거든요. 우리 같은 팔자는 늘 죽은 사람을 만지는 직업이라서 귀신들도 싫어한다고 하던데"라고 중얼거렸습니다.

"아니에요. 분명히 2~3일 후에 이동을 하게 돼요. 그리고 성과 없이 고생을 많이 하겠어요. 하지만 먼 훗날 큰 보답을 받을 거예요. 열심히 하세요."

옆에서 옆구리를 쿡쿡 찌르는 후배의 만류에도 아랑곳하지 않고 그녀는 여전히 내게 이동을 한다고 우겨댔습니다. 이윽고 후배가 말했습니다.

"형님, 요즈음 이 동생이 신이 내렸다고 하네요. 오늘 오면서도 지나가는 아무나 불러 세워서는 자기 눈에 보이는 무엇이 있다고 하며 막말을 해서 곤란했었어요. 이해해주세요. 여기 유원지에 온 것도 바람도 쐬고 마음 좀 안정하라고 온 건데 여전히 이러네요."

그날 그녀에게 무척 좋지 않은 인상을 받고 헤어졌습니다. 그런데 제가 그녀를 새롭게 생각하게 된 계기는 그녀를 만나고 한 달 후 인사발령이 났기 때문입니다. 그녀와 만났을 때는 ○○ 여중생 실종 사건에서 아직 사체가 발견되기 전이었고, 내가 발령을 받은 것은 그녀의 사체가 배수구에서 발견된 직후였습니다. 경기경찰청 산하에서 강력 미제사건이 발생한 탓에 사회의 이목이 집중되면서 각 경찰서에서 나름대로 수사에 경륜이 있는 사람을 수사본부로 발령냈던 것입니다. 그리고 하필 그곳에 제가 차출된 것입니다.

지지리 복이 없어서일까요? 아니면 남들이 가지지 못하는 기회를 자주 맞는 것일까요? 여하간 저는 공교롭게도 경기경찰청 산하에서 커다란 사건이 발생하면 자주 차출당하곤 했습니다. 화성 연쇄살인사건 발생 시에 수사를 지원한 적도 있습니다. 경기경찰청장이 수사본부를 방문해 인원을 보강시켜주기로 약속하면서 주임급으로 한 명을 선택하라고 했는데 인접 서에서 근무하고 있던 내가 그 적임자로 지목된 것이죠.

정신없이 수사본부에서 4개월을 보냈습니다. 물론 그 사건은 현재까지도 미궁에 빠져 있습니다. 그러나 나름대로 범인으로 확정할 만한 증거를 많이 확보한 것이 성과라면 큰 성과일 것입니다. 일반적으로 범인을 잡지 못한 상태에서 증거만 잔뜩 수집해두면 무엇 하느냐고 하지만 그것은 잘못된 생각입니다. 범인은 설혹 자신이 살인을 했다고 인정을 한다고 해도 그 사람이 범인이라는 명백한 증거가 없으면 범인으로 인정받지 못합니다. 자신이 법정에서 그 사람을 죽였다고 모두 인정했음에도 그가 범인이라는 명백한 증거(이를테면 범행에 사용한 칼, 노끈 등등)가 없어 무죄가 된 경우는 생각보다 많습니다. 그럴 때 수사형사들은 엄청난 충격을 받고 한동안 기가 죽어 지내기도 합니다.

범인은 언젠가는 검거될 것입니다. 용의자가 발견되면 우리가 수집해둔 크고 작은 단서들이 그가 법정에서 유죄로 인정을 받는 데 결정적인 역할을 할 것입니다. 발령이 날 때쯤 그녀의 예언을 잠시 생각했지만 그 후 사건에 쪼들리면서 이내 잊고 말았습니다.

다시 그녀를 만난 것은 불과 며칠 전입니다. 그때 함께 만났던 후배가 전화로 연락을 해왔습니다. 우연히 의정부에 오게 되었는데 얼굴이나 한번 보자고 했습니다. 그러면서 후배는 한참 뜸을 들이더니 실은 전에 형님에게 무례하게 말하던 그녀와 함께 왔다고 했습니다. 사실 그때의 예언이 맞아 가끔 생각이 났던지라 선뜻 같이 만나기로 했습니다.

그녀를 보고자 하는 사람은 조직폭력배 출신으로 교도소를 제집 드나들 듯이 들락거린 사람이었습니다. 그런 그도 최근에 개과천선해 재혼을 하고 아들 딸 데리고 행복하게 사람같이 살아보겠다고 생각하고 이런저런 일을 해봤지만 하는 일마다 꼬이고 이상하게 엮여 교도소를 가게 되고는 했습니다. 점을 보는 그녀의 목소리가 들렸습니다.

"지금 아저씨가 살고 있는 집은 아파트네요. 제가 그림을 그려볼게요. 여기가 안방, 건넌방, 여기가 다용도실, 그리고 부엌에는 기다란 식탁 대용의 탁자가 있지요? 그리고 여기에 밥솥을 올려두지요?"

"맞아요. 그런 구조로 되어 있어요. 아, 예 맞아요. 거기에 밥솥을 항시 두지요. 전기 코드가 거기까지 딱 맞고 한쪽에 붙여두는 것이 좋을 것 같아서."

"근데, 여기에 5살가량의 아이가 보여요. 그 아이가 자기 자리에 밥솥을 놓았다고 짜증을 부리네요. 밥솥을 치우세요. 그 자리는 그 아이가 항시 걸터앉아 제 엄마가 밥하는 것을 보던 자리예요."

소름이 오싹 끼쳤습니다. 마치 그녀는 그 아이를 보고 있는 것처럼 상세하게 생김새까지 말하고 있었습니다. 과연 그녀는 지금 뭔가를 보면서 근거 있는 말을 하고 있는 것일까요? 세상에 귀신이 진짜로 존재한다는 말인가요? 자기 자신의 신경쇠약이 일종의 환각과 환상을 불러오는 것은 아닐까요?

그녀는 밥솥만 치워주면 그 아이가 해를 끼치지는 않는다는 것과 가능하면 내년 3월 이전에 이사를 하라는 것으로 결론을 내렸습니다. 저녁 식사를 하고 간단한 술을 마시고 그들을 배웅했습니다. 저녁 식사를 하면서는 그녀의 일에 대해 일절 묻지 않았고, 그녀 역시 제게서 무엇을 보는 것 같았으나 고의로 무관심으로 일관하는 나를 보고 포기했는지 아무 말도 하지 않았습니다.

그 일이 있은 후 한참이 지나 우연히 어떤 사건을 수사하던 중 놀랄 만한 사실을 발견하게 되었는데 그녀가 말한 대로 수 년 전 그 근처에서 다섯 살가량의 어린이가 집 다용도실에 들어가서 놀다가 안으로 문이 잠겨 그 안에서 사망한 사실이 있었습니다. 그 어린이와 그녀가 말한 어린이가 같을까요?

청천벽력

늦깎이로 공무원으로 들어와서 곡성군청 기획홍보실에서 홍보담당을 하던 30대 후반의 가장이 임신 8개월의 아내와 여섯 살 아들이 보는 앞에서 비명횡사했습니다. 갑자기 하늘에서 떨어진 25세 청년에게 깔려 사망한 것입니다. 그 대학생은 공무원 시험 준비를 하던 중 부담을 느끼고 자신의 아파트가 아닌 다른 아파트 12층에 올라 투신했고, 운 없는 공무원은 마중 나온 아내와 아들의 눈앞에서 사망했습니다. 마른하늘에 청천벽력이란 말은 이런 때 하는 말일 것입니다.

연금 지급 조건에 해당되지 못하는 8년차 공무원이라서 큰 혜택은 없을 것입니다. 다만 명백히 퇴근 시간과 이어지는 과정이었다면 공무의 연장으로 보아 순직처리는 가능할 것으로 보입니다. 그나마 다행입니다. 아니, 그런들 뭐할까요? 만삭의 아내와 여섯 살 아들은 평생의 트라우마로 고통받을 것입니다. 반드시 심리치료를 해야 합니다.

공무원의 명복을 빕니다. 산다는 건 진짜가 아닌가 봅니다. 우리가 한바탕 꿈을 꾸고 있는 건 아닐까요? 늘 무탈하시기를 빌어드리는 게 최고의 덕담인 것 같습니다. 오늘도 무탈하십시오!

개구리(1)

개구리는 양서강兩棲綱 무미목無尾目에 속하는 동물로 한자로는 와蛙라고 부릅니다. 19세기 초까지는 개구리를 어류 혹은 파충류 무리라고 하였는데, 그 점으로 보아 개구리가 파충류나 어류로 진화하는 과정에 있다는 것을 의미합니다. 화석어류인 실러캔스가 진화하여 처음 지상 활동을 시작한 네 다리를 가진 동물로서, 그 출현은 고생대 쥐라기라고 합니다.

우리나라에는 참개구리, 금개구리, 북방산 개구리, 산개구리, 아무르 산개구리, 옴개구리, 청개구리, 기생개구리가 있는데, 특히 기생개구리는 예전부터 그 울음소리를 즐기기 위하여 사육도 했었다고 합니다.

개구리는 고흐가 벨기에 시절, 일본 우키요에浮世繪, 기생의 그림을 유화로 흉내 내면서 주변을 장식하는 학과 더불어 기생으로 희화되기도 했습니다. 즉, 프랑스 창녀를 개구리나 학으로 희화한 것임을 알 수 있습니다.

어릴 적 제가 살던 충청도에도 산마다, 들마다 개구리가 참으로 흔했습니다. 오죽하면 '오뉴월 개구리 밟듯' 운운하는 응원가도 있을까요? 밀짚이 한창이면 동네 아이들과 밀짚으로 대롱을 만들어 개구리의 항문에 꽂고 바람을 불어넣고는 했습니다. 한참을 불다보면 개구리의 배가 남산만 하게 불러지는데, 그것이 그렇게 즐겁고 우스운 광경이었습니다. 그렇게 배를 늘린 개구리는 이내 죽고는 했고요.

여하간 개구리는 동네 개구쟁이들의 빼놓을 수 없는 장난감이었습니다. 저 역시 곧잘 그런 장난을 했었고 그땐 개구리를 징그러워하거나 무서워(?)하진 않았습니다. 그런데 어느 사건을 계기로 개구리를 만지거나 쳐다보는 것조차 두려워지기 시작했는데, 그것은 아마 초등학교 3학년 즈음의 일입니다. 그날도 우리 개구쟁이들 서너 명이 들에서 개구리를 잡아 장난감삼아 놀고 있었습니다. 그날 어울리던 친구 중엔 ○○이라는 친구가 있었는데, 요즈음 말로 표현하자면 약간 지능이 떨어지는 지진아라고나 해야 할까요? 여하간 그런 친구가 있었습니다.

그 친구의 특징은 친구들이 무엇이든 잘한다고 칭찬을 하면 실제로 그런 일을 서슴지 않고 하는 것이었습니다. 집에서건 학교에서건 주변 사람들로부터 늘 놀림을 당하고 하는 일마다 핀잔을 듣다보니 그 친구는 칭찬에 목이 말라 있었지요.

그런 그에게 우리는 어쭙잖은 칭찬을 하여 심부름을 시키거나 진흙탕 속에서 미꾸라지를 잡거나, 수박, 참외서리를 갈 때도 앞장세우곤 했습니다. 그는 해서는 안 될 일, 징그러운 일, 더러운 일을 도맡아 하곤 했습니다. 병정놀이를 하여도 늘 그는 인민군이나 도둑놈이었고 그 놀이가 끝날 때까지 수십 번을 착한 장군, 용감한 병사를 맡은 친구들에 의하여 '죽었다 살았다'를 반복했습니다.

그날도 놀이감은 흔한 개구리였습니다. 밀짚으로 항문에 바람을 넣는 일도 시들해졌습니다. 개구리를 잡을 때는 낭창낭창한 버들가지 같은 회초리를 사용했습니다. 풀밭을 휘적거리다가 개구리가 뛰면 그 낭창낭창한 회초리로 때려서 잡고는 했습니다. 그 시절의 개구리 잡이를 이야기하면 지금은 비난의 대상이 될지도 모르겠습니다. 죽은 개구리를 빈 깡통에 한참을 채우고 나서 그중 작은 것을 버리고 큰 것을 골라 오동통한 다리만을 잘라 불을 지피고 나뭇가지에 꿰어 구운 후, 입술에 숯꺼멍이 묻어 시꺼멓게 될 때까지 먹었습니다.

그날도 서너 명이 줄잡아 30여 마리를 잡아 그중 작은 놈은 버리고 20여 마리의 다리를 구워 먹은 것 같습니다. 슬슬 다른 즐거운 놀이를 해야 되는데, 한 친구가 제안을 했습니다. 치기가 발동한 것입니다. ○○를 상대로 말했습니다.

"얘는 살아 있는 산 개구리도 막 먹는다. 정말 용감해. 맞지, ○○야?"

순간 우리들은 긴장을 했습니다. 그리고 모두 ○○를 쳐다보았습니다. 과연 그가 살아 있는 개구리를 마구마구 먹을 것인가. ○○이는 친구의 칭찬(?)을 듣고 어느새 흐뭇한 표정을 하고 있었습니다. 그러나 그것도 잠시 최초로 그 게임을 제안한 친구가 건네준 조그만 개구리의 다리를 감싸 쥔 채, 눈을 껌벅이는 개구리를 쳐다보고 있는 ○○의 눈꺼풀이 순간적으로 파르르 떨리는 것을 저는 보았습니다. 그는 눈을 질끈 감고 개구리를 입 속에다 넣었습니다. "써걱, 꽥" 하는 개구리 씹는 소리와 개구리의 신음소리가 제법 크게 들렸습니다. 저는 몸서리를 쳤습니다. 아니 그 게임을 제안한 친구마저 저만치 흠칫 물러서는 것이 보였습니다.

잠시 후, ○○는 입에 넣었던 개구리를 땅바닥에 집어 던지고 집 쪽으로 내달리기 시작했습니다. 땅바닥에 내던져진 개구리를 머리에서 등 쪽으로 반쯤 잘리고 눈알이 튀어나온 채 경련을 하고 있었습니다. 그리고 이내 마지막 힘을 다하여 허연 배를 벌렁 뒤집은 후, 잠잠해졌습니다.

우리는 아무 말도 하지 않았습니다. 그날 이후 며칠 간 저는 눈만 뻥 뚫린 개구리들의 습격을 받고 밤새도록 도망 다니는 꿈을 꾸었습니다. 나를 쫓아다니던 개구리들은 하나같이 눈이 없거나 눈이 있어야 할 자리에 구멍이 파여 뚫려 있었습니다.

그 여름 내내 개구리를 상대로 한 놀이는 종말을 고했고, ○○를 보지도 못했습니다. 나중에 알아보니 ○○는 누나를 따라 다른 시골 친척

집으로 갔다고 하였고, 우리가 개학을 하였지만 학교에 오지 않았으며, 선생님도 ○○가 다른 학교로 전학 갔다고 말해주지도 않았습니다.

그때부터 저는 어디서건 개구리만 보면 흠칫 놀라버리곤 합니다. 개구리를 보기도 싫고 만지기는 더욱더 싫으며 중학교 생물 시간에 개구리를 해부할 때도 고집스럽게 개구리를 만지지 않아 바보취급을 받기도 했습니다. 내 뇌리 속에 박혀 있던 반쯤 썰어진 개구리의 등짝과 툭 튀어나온 개구리의 검은 눈알이 평생 동안 지워지지 않고 있는 것입니다.

요즈음은 개구리를 남획하여 우리 산하에서 개구리가 멸종상태에 들어갈 날이 멀지 않았다고 합니다. 오죽하면 법에서 자연보호법이니 뭐니 하면서 개구리의 남획을 막고 있을까요. 텔레비전에서건, 그림에서건 개구리만 보면 나는 그날의 개구리와 ○○를 기억합니다.

그 친구의 소식을 접한 것은 나이가 들어 우연히 시골에 갔던 5년 전입니다. 한동안 정신병원에서 지내다가 죽었다고 합니다. 그의 죽음이 그날의 개구리와 무슨 상관이 있겠냐고 자위하지만, 아무래도 난 그날의 그 개구리의 죽음과 그 친구의 죽음이 어떤 연관이 있지 않을까 생각도 해봅니다. 그리고 나 역시, 그날 그 자리에 있었기에 지금도 전혀 무관할 수 없다는 생각을 하곤 합니다.

개구리(2)

이 세상에서 가장 불행한 개구리가 있습니다. '제노프스Xenopus laevis'라는 실험용 개구리입니다. 지구상에서 실험용으로 가장 많이 사용되는 개구리라고 합니다. 남아프리카공화국이 원산지인 '제노프스' 개구리는 우리나라에서는 겨울의 추위 때문에 자연 서식을 할 수 없고 오로지 해부용으로만 들여온다고 합니다.

약 10일 정도 밥을 주지 않아도 살기 때문에 관리에 크게 신경 쓰지 않아도 되어 해부실험을 하려는 사람들에게 아주 적격인 개구리이죠. 주로 농장에서 사육되고 있으며 언제든지 '제노프스'가 필요하면 수입회사에 의뢰하여 바로 택배로 받을 수 있다고 합니다.

'제노프스'의 운명은 자신의 배를 갈라 모든 것을 보여주는 것입니다. 실험하는 이들에게 펄떡이는 심장과 창자의 꿈틀거림, 근육의 미세한 떨림을 가감 없이 보여주고 그렇게 생을 마감합니다.

약 5년 전, 저는 시골 지서장으로 발령이 났습니다. 당시만 해도 지서장은 면 단위에서 유지 대열에 들었습니다. 면장, 조합장, 우체국장, 지서장, 보건소장은 기관장이고, 더 보태면 군 의원, 전직 면장 출신 등이 유지 대열에 속하니 그 동네에서는 지나다니면서 주로 인사를 받는 사람의 위치에 오르는 겁니다. 시골 운동회가 열리면 늘 운동장 한편의 차양막 아래에서 아이들의 잔치가 끝날 때까지 자리를 지키는 일을 해야 하고, 동네 애경사에는 모두 찾아가야 하는 그런 자리였습니다. 또 동네에서 돼지라도 한 마리 잡는 날엔 여지없이 초대되어 참석해야 하고, 만일 어떤 구실을 대고 연거푸 불참하게 되면 지역 주민들을 무시하는 나쁜 기관장으로 인식되곤 했습니다. 기관장들이 그런 자리를 피하는 이유는 단 한 가지입니다. 주민들이 각자 한 잔씩 주는 막걸리나 소주 때문이죠. 주는 사람은 한 사람이지만, 받아 마시는 사람은 거의 수십 명을 거치며 한 잔씩 들이키는 바람에 행사가 끝날 무렵에는 거의 인사불성이 되어버리는 경우가 많기 때문입니다.

그 사건이 난 것은, 한 겨울로 기억합니다. 동네 유지 한 분이 빨리 자신의 집으로 오라고 했습니다. 식사를 꼭 한 번 같이 하고 싶었는데 마침 좋은 음식이 있어 연락을 드리는 것이니 절대 거절하지 말라는 부탁과 함께.

안방에는 가스레인지가 있었고 양동이가 덜렁 하나, 큼지막한 양푼

그릇에 튀김용 반죽이 있었습니다. '한 겨울에 어디 가서 물고기를 잡아온 모양이구나. 그것을 튀겨 먹자는 거구나' 하고 생각했습니다. 자리에 앉자 그분이 말씀하셨습니다.

"지서장님, 잘 오셨습니다. 오늘 진짜 귀한 것을 준비했는데, 이걸 드시면 올 겨울에는 감기도 안 걸리고 힘이 부쩍부쩍 날 겁니다."

혼자 먹기에도 아까운 것을 특별히 네게 주는 것이니 고마운 줄 알아라 하는 표정이었습니다. 그 유지가 양동이 속으로 손을 집어넣어 뭔가를 덥석 잡아 꺼내더니 신속히 튀김용 반죽에 담가 허옇게 무치고는 펄펄 끓는 기름 속에 탁 던졌습니다.

그러자 기름 속에서 뭔가가 '쭉' 하는 소리를 내면서 허옇게 배를 드러내고 동동 떠올랐습니다. 자세히 보니. 아뿔싸, 그것은 개구리였습니다. 순간 나는 자리에서 벌떡 일어났습니다.

"아, 저는 개구리를 먹을 줄 모르는데 어쩌지요?"

"아이고, 지서장님, 뭘 모르시는구만요. 이거 아무 데서나 구하는 것이 아니에요. 이 엄동설한에 이놈들 잡느라고 얼마나 고생한 줄 아십니까? 이렇게 귀하고 맛있는 것을 안 드시면 후회하지요."

그러면서 튀김가루가 묻은 손으로 저의 팔을 잡아 앉혔습니다. 엉거주춤 앉기는 했는데 가슴은 콩닥거리고 온몸에 소름이 돋아 정신이 몽롱한데, 사건은 순식간에 벌어지고 말았습니다. 이번에 양동이에서 꺼낸 개구리는 그분의 두꺼비 같은 손바닥을 빠져나와 눈을 똑바로 뜨고 나를 노려보는데 정말 엄청 큰 놈이었습니다. 튀김용 반죽이 한 번에 잘 묻지 않자 몇 번을 반죽 속에 넣고 휘적거리던 유지가 흐뭇한 미소를 지으면서 끓는 기름 속으로 턱하니 그놈을 던졌습니다.

원래대로라면 당연히 그놈은 '쭉' 하는 소리를 내면서 뻗어야 했습니다. 그런데 너무나 어이없게도 그놈은 기름 속에 빠지는 동시에 '푸다닥' 소리를 내면서 끓는 기름 속에서 점프해 방바닥으로 떨어졌습니다. 혼비백산한 나는 다시 벌떡 일어나 문 쪽으로 도망을 쳤고, 방바닥에 떨어진 그놈은 허연 밀가루 반죽을 온몸에 뒤집어 쓴 채 노릿하게 익은 상태로, 그나마 익지 않은 한쪽 눈을 부릅뜨고 나를 노려보는 것이었습니다.

순간적으로 놀랐던 유지가 정신을 가다듬고 그놈을 잡으려고 했습니다. 그런데 그놈은 그 상태로도 살고 싶었을까? 이내 그놈이 유지의 손을 재빨리 피해 장롱 밑으로 쏙 들어가버리는 것이었습니다.

"야, 영순아, 작대기 긴 것 좀 하나 가지고 와라."

몸을 납작 엎드리고 엉덩이를 치켜든 채 그놈이 들어간 장롱 밑을 들여다보며 한쪽 손을 넣고 휘적거리는 유지에게 "저는 갑니다, 웨엑!" 하고 바람처럼 그 집을 나와 지서로 돌아 왔습니다.

그날도 밤새도록 밀가루 반죽을 뒤집어쓰고 반쪽이 익어버린 개구리의 꿈을 꾸었습니다. 나를 쳐다보던 그 까만 눈이 도무지 기억 속에서 지워지지 않았습니다.

며칠이 흐르고 그 유지를 만났지만 나는 절대로 그날 장롱 밑으로 들어간 개구리를 어떻게 했는지 묻지 않았습니다. 아니 가능하면 그 유지와는 대화를 하고 싶지 않았습니다. 그곳에서 다른 곳으로 발령이 나서 떠날 때까지 가능하면 그의 집 부근에 가지 않으려고 노력했고 동네 행사 장소에서 그가 손으로 집어주는 음식은 받아서 슬쩍슬쩍 모두 버리고 말았습니다.

사람도 억울하게 죽으면 틀림없이 부검이라는 이름으로 해부를 합니다. 해부는 단순히 배를 갈라 그 내부를 육안으로 확인하는 것이지만 부검은 의심이 가는 장기를 꺼내어 잘게 썰어 관찰하고 화학반응 검사까지 하는 것입니다. 국립과학연구소에 가면 '제노프스' 같은 삶들이 많습니다. 개구리를 무서워하고 그들의 꿈을 꾸면서 식은땀을 흘리는 나는 국과수의 억울한 죽음들을 보면서 전혀 징그럽다거나 더럽다거나 무섭다는 생각이 들지 않으니 정말 아이러니입니다.

'제노프스'의 벌어진 배를 못 보는 내가 단지 사건과 관련된 억울한 죽음이라는 것만으로 용감할 수 있다는 것이 얼마나 다행한 일인지 모르겠습니다.

회색인생

날마다 문틈으로
꾸역꾸역 욕지기하며 대드는
그 놈은, 그 넘은
내게서 날아간 세월이거나
주저앉은 미련인지
애써 보내려는 주름살씩이나 될지
늘 흉내도 못 낼 그 놈, 넘이다.

착한 척도 하두 지쳐
애꿎은 언어만 잡고 용 쓰다 보면

ㄱ字, 낫이 되어 성기를 자르고
놈인 것은 이윽고 넘을 배워

추억을 도적질한 올드린.
누님의 젖무덤을 탐한 키 큰 넘은
맞다, 맞아 되지못한 축도만 쏟는다.

만 오천 원짜리 파카 만년필
비루먹고 여윈 콘사이스 자궁 안.
우주와 야망이 합일하던 방에서 단지했다.
벌은 둥지를 나왔을 때 전사가 된다.
짖지 않는 개는 개가 아니다.
그래서 놈보다 이젠 넘이다.
그래 넘이다.

넘이 맞다.

맞다.

맞다.

:: 버즈 올드린Buzz Aldrin: 닐 암스트롱에 이어 달에 발을 내디딘 최초의 우주비행사.

:: 형사가 된 것을 후회한 적은 없지만, 운명처럼 나를 형사로 이끈 작은 사건들은 여전히 원망스럽습니다. 그래도 나가야 합니다. 나는 형사이니까요.

타일을 보며

세수 하다가 바닥을 본다.
검고 흰 것들의 질서정연한 배열,
한참을 보니 검은 것이 흰 것을 체포하고
흰 것이 검은 것을 끌어안고 있다. 그것들은
벽에도 여전히 같다.

언젠가 교도관이 말했다.
네가 나를 보고 내가 너를 보는 차이뿐, 쇠창살을
가로막아 삶은 다른 바 없구나.
돌아보면 같고, 유사하고, 다른 것들의 모임이

꽃이 피는 이치를 의심하려 함이다.

:: 어느 교도관이 교도소 내 타일을 보면서 자신의 근무 환경을 생각해보았다고 했습니다.

섭섭해서 미안해

딸의 결혼식이 끝나고 많은 생각을 했습니다. 누군가를 이해하고 용서한다고 말하기 전에 자신이 그럴 자격이 있는지부터 살피라던 선배의 말이 떠올랐거든요. 제 딸의 결혼식에 반드시 축하해줄 것으로 믿었고 또 당연히 그럴 거라 생각한 사람들이 있었습니다. 저 또한 그들의 행사에 가급적 참여를 했었고 부득이해도 축하금이나 부의금 같은 성의 표시를 했었으니까요. 그렇게 믿었던 그들이 참석하지 않아서 너무나 섭섭했고 시간이 지나자 괘씸하기까지 했습니다.

시간이 흘러 뭐가 잘못된 건지 원인을 찾게 되고 그들에게 내가 어떤 존재였는지를 생각해보게 되었습니다. 또 그만큼의 시간이 흐르면서 모든 원인이 오롯이 제게 있었음을 깨달았습니다. 그들에게 나는 큰 의미가 있는 존재가 아니었던 겁니다. 그들의 그런 생각은 제가 만들어준 것이었습니다. 안다고, 인연을 맺었다고, 부조금을 전달했다고, 소식을 끊어도 갑자기 큰일을 치른다고 연락하면 달려와줄 것으로 생각했습니다. 손톱만치도 그리워해본 적이 없는 사이로 무심히 살아왔어도 인연이라 단정했습니다. 철저하게 내 위주로 그들을 평가하고 방치했습니다. 이제 와서 그들을 이해하고 용서한다고, 마치 큰 깨달음이라도 얻은 것 마냥 마음을 먹고 보니, 허허. 이게 이해건 용서건 논할 거리인지 헛웃음이 나옵니다. 이런 교만이라니요! 이해와 용서라는 말로 누가 누구를 평하려 한다는 겁니까? 애당초 그런 대상은 없었던 겁니다. 제 편협함과 교만함을 강에 던져보려 합니다. 오늘은 틈나는 대로 되도록 그들에게 뜬금없는 전화를 하려고 합니다. "잘 지내지? 보고 싶다. 그리고 미안하다"라는 말과 함께.

인간다움에 대하여

아침에 〈엄홍길의 휴먼원정대〉가 방송되어 보았습니다. 후배의 주검을 끌어안고 흐느끼는 모습을 보며 얼마나 눈물이 나던지요. 우리가 감동하는 건 설정이 없는 야생 상태에서의 사람의 모습입니다. 연출되고 절제된 표정과 행동이 주는 감동은 아무래도 쉽게 잊혀진다는 단점이 있지요.

UFC라는 격투기 프로가 있습니다. 선수가 입장하고 경기장인 '옥타곤'으로 진입하기 전에 반드시 동행한 동료, 스태프들과 포옹을 합니다. 선수가 긴장해서 그냥 '옥타곤'으로 진입하려고 하면 진행자들이 다시 불러 인사를 하라고 시킵니다.

처음에는 그게 무슨 의미인지 몰랐습니다. 에베레스트산을 오르는 산악인들도 출발 전에 반드시 서로를 끌어안는 의식을 하더군요. 이제 둘 다 알겠습니다. 어쩌면 죽을지도 모르는 길을 떠나는 사람들이 현재 내 곁에 있는 사람들과 이별 의식을 하는 겁니다.

인간은 어쩌면 죽음의 문턱에서 가장 인간적으로 변한다는 사실을 배웠습니다. 늘 죽음이라는 최종 목적지를 상기하고 산다면 우리 모두는 참으로 사람답게 살지 않을까 싶습니다. 앞으로는 진짜 사람다운 사람으로 살 수 있기를 스스로에게 다짐해봅니다.

권력과 돈이 없어도 충분히 행복할 줄 아는 사람이 되게 해주소서!

때 그리고 가치

이미 밟히고 있으면서도 결코 밟히지 않겠다고 버티던 시절이 있었습니다. 도저히 뒤집을 수 없는 강철 같은 부당한 것들에 대해 자신을 버리면서까지 무모한 항거를 이어간 것은 온전한 포기란 없음을 확인하고 싶은, 희망의 몸짓이었을 것입니다. 돌아보면 어떤 때는 낯이 뜨거울 정도로 하찮은 문제에 자존심을 내세우며 진짜 박 터지게 싸우기도 했습니다. 그냥 넘어가도 어느 누구에게 무시당하지 않을 사안에 대해 불공평하다는 이유로 인생을 건 듯 격렬한 싸움도 마다하지 않았습니다. 부질없던 것들이 모여서 이미지를 만들고 자신의 주변을 형성합니다. 나이가 들어 그런 것들이 새록새록 상기되는 것은 당연한 이치일까요?

"내가 그린 세상의 모습은 어떤 것이었을까?"를 생각하다가 "나를 보던 세상은 나를 어떤 모습으로 그리고 있을까?"로 자연스레 옮겨지고 말았습니다. 주어가 바뀌고 배역이 바뀔 즈음이 되어야 비로소 자신이 보인다더니, 이제 내게도 해당되는 이야기인 듯합니다. 자신의 정의만 정의롭다고 과신해 정의보다 훨씬 더 큰 이치를 간과한 것은 아니었는지 돌아보게 됩니다.

그렇습니다. 아무리 소란 떨고 천방지축 날뛰었어도 사람은 그저 주어진 틀에서 지킬 것만 지키다가 가는 것이 아닐까요? 돌아보는 시간이 많아지는 요즈음이 두렵습니다. 아직은 좀 더 가고 싶은데 말입니다.

김복준

1982년 경찰에 입문하여 2014년 동두천경찰서 수사과장으로 퇴직할 때까지 32년 동안 수사 외길을 걸었다. 법을 어긴 사람은 반드시 그에 상응하는 처벌을 받아야 한다는 소신을 지킨 탓에 동료나 범인들로부터 '쌍심줄', '악질 형사', '에이즈 형사'로 불려왔다. 건국대학교에서 법학박사 학위를 받고 경찰교육기관에서 후배들 양성에 힘쓰고 있다. 최근에는 다양한 TV 프로그램에서 패널로 활동하고 있으며 한국범죄학연구소 연구위원으로 재직하면서 범죄학을 연구하고 있다.

형사 김복준

초판 1쇄 펴낸날 2017년 11월 10일

지은이 김복준
펴낸이 이상규
편집인 김훈태
디자인 엄혜리
마케팅 김선곤

펴낸곳 이상미디어
등록번호 209-06-98501
등록일자 2008. 09. 30
주소 서울시 성북구 정릉동 667-1 4층
대표전화 02-913-8888
팩스 02-913-7711
e-mail leesangbooks@gmail.com

ISBN 979-11-5893-045-5 03300